JN438950

IT 게임업계 직원이 효율적으로 빠르게 일본어를 습득하는 법

수학연구사

목 차

〈 머리말 〉

언어 공부는 단계 학습이라고는 하지만

언어 공부는 단계 학습이라고는 하지만, 그래도 가장 정확하고 효율적으로 빠르게 익히고 공부하려는 노력은 예전부터도 계속 있어 왔다. '조금씩 단계적으로 공부한다.'는 식으로 접근을 하는 사람도 가장 효율적으로 접근해서 빨리 답을 내어 보고 싶어 한다. 그런데 그런 패러다임 변화에 부응할 만큼의 우리 외국어 학습계의 발전은 있었는가? 그에 대한 답으로서의 저술이 이 책이다.

우리가 어려운 단어를 몰라서 리스닝이나 회화가 안되는 게 아니다

우리가 지금 이 외국어를 배우면서 의대에서나 배움직한 '근육성 판막이상증' 같은 어려운 단어를 학습해야 하는 거 아니다. 즉 결국에는 다 쉬운 것을 하게 된다.

입을 쓰면 모든 공부에 최고인데

입을 쓰면, 즉 입 밖으로 소리를 내면 모든 공부에 최고이다. 그래서 해당 외국어 학습에 큰 소리로 소리 내서 읽고 말하라고 전문가들은 말한다. 그런데 그게 학습 환경적인 문제나 기타 문제로 쉽지 않으면 즉 그렇게 안되면 '뇌소리'라도 사용하고자 한다. 입을 쓰지 않고도 소리를 이용하는 것 말이다.

인생에서도 사업을 훌륭하게 하는 사람이 있듯이

인생에서도 뭔가 같은 일, 같은 사업을 해도 남보다 더 훌륭히 운용하는 사람이 있다. 그들은 운이던 태생이던 교육이던 그렇게 살아온 게, 즉 시간을 효율적으로 쓰게 살아온 게 그 밑거름이 된 거다. '나는 지금까지의 허비를 뒤로 하고, 앞으로 잘 나아간다.' 이렇게 생각하는 사람들에게 도움이 크게 되려고 한다.

어학 공부 방법의 최고 결정체

우리 연구진들은 기억에 대한 많은 실험을 하는 사람들이다. 남들이 안하던 것이니 족적을 남긴다. 그런 실험의 산물이 이것이다. 여러분들의 건투를 빈다.

일본어의 발음에는 한글이나 영어 기호를 넣었다

일본어의 발음을 잘 표현하기 위해서 때로는 한국어를 때로는 구글식의 영어로 발음기호를 넣었음을 미리 알려 드린다.

〈 이 책이 어울리는 분 〉

실컷 외국어에 노력을 해도 진척이 없는 분

외국어에 많은 노력을 해도 성과가 약한 분들에게 이 책을 권한다. 반드시 당신의 해당 외국어 능력을 올려줄 것이다.

받아쓰기가 좋은 줄은 아는데 실천에 대해서 주저하는 분

다소 편하게 그러면서도 최대한의 효율이 나게 해드릴 것을 제안할 것이기 때문에 받아쓰기가 좋은 줄에 대해서는 잘 알고 동감하지만, 그 귀찮음 때문에 실천을 주저하는 분들에게 바친다.

반드시 해당 외국어를 정복해야 하는데 시간이 없는 분들

반드시 해당 외국어를 정복해야 하는데 시간이 없는 분들에게도 이 방법을 권한다. 이 방법대로 하면 가장 효율이 나기 때문이다.

자신의 능력을 어학에 잘 발휘하지 못하고 있다고 생각하는 사람

자신의 능력대비해서 어학을 아주 잘하는 사람도 있고 아닌 사람도 있다. 그런 점에 착안해서 자신의 능력을 어학에 잘 발휘하지 못하고 있다고 생각하는 사람이 있다면 자신의 능력을 극대화할 수 있도록 이 책이 도와줄 것이다.

외국어적 호기심이 큰데 발휘할 길이 없었다고 생각하는 사람

외국어적 호기심과 그 관심이 큰데 그것을 잘 해소할 방법 내지는 학습법이 없어서 고민인 분들에게 완벽한 솔루션을 제공한다. 그래서 늘 어학이 나오면 '음매 기죽어' 했던 분들이 기를 펴게 해드리겠다. 특히 조금만 더 부지런을 떨기만 하면 해당어학은 내 것이 된다.

Ⅰ. 인트로

I. 인트로

1. 나는 너를 사랑해

1) 비법 전수

외국어를 잘하는 방법에 대해서 비전으로만 알려져 있지 정말로 공식적인 채널로 알려지는 게 없다. 그래서 아주 쉬운 영어 예문으로 여러분들에게 해당외국어를 잘하는 방법을 알려주고자 한다.

2) 나는 너를 사랑한다

I love you 정도의 말은 천천히 해도, 아주 빨리 말해도 '사랑한다고 고백을 하는구나.'하고 금방 알아듣는다. 그런 식으로 모든 해당외국어의 문장과 단어 그리고 청크가 그런 단계로 가면 우리는 그 나라 말을 알아듣는 것이다. 그게 바로 거리 좁히는 과정이고 친숙화 과정이 된다. 우리의 제안방법은 그에 기초한다. 어떻게 안 친숙한 것을 빨리 친숙하게 만들 것인가이다.

3) 가청단계를 많이 만들자

가청단계를 많이 만들면 된다. 가청단계란 다른 제반여건의 도움이 전혀 없이 그냥 소리만 들어도 바로 뜻이 캐치가 되는 단계를 말한다.

2. 이탈리아 거지도 이탈리아어는 능숙히 한다

1) 의미

아주 속된말로 일본거지도 일본말을 하고 이탈리아 거지도 이탈리아 어를 능숙히 한다. '당연히 자기 나라 말이니까.'하는 것은 너무 상투적인 답이 된다. 우리가 그 거지보다 못한 게 뭐가 있는가? 그에서 출발하자.

2) 해설과 해석을 보면 사실 별 거 없다

해당 외국어의 해설, 해석을 보면 사실 별 거 없다는 것을 느낄 것이다. 그러기에 뭔가 외국어의 진척이 없으면 그것은 자신의 방법이 잘못된 거다.

3. 어떤 방법인가?

1) 방법의 핵심 정의

이 방법의 정의는 다음과 같이 내려진다.

자신이 가장 애착을 가지는 분야에 대해서 문장을 정리한다. 그리고 그 문장들을 해당외국어로 번역을 한다. 물론 번역에 대한 실력이 부족하니까 구글 번역기 등을 활용한다. 그리고 그렇게 번역을 한 문장에서 필요한 단어를 뽑아내서 단어장 정리를 한다. 그런데 그 단어장 정리를 할 때 그 발음을 한글로 표기를 해서 더 빨리 자기 것이 되게 한다. 그리고 그 단어장에는 그 단어의 뜻을 쉽게 외우기 위해서, 그 아이덴티티를 암기하기 쉽도록 그 예문의 핵심을 표시해서 붙여놓는다.

2) 구체적 실천은 편하게 생활 속에서

구체적 실천은 편하게 생활 속에서 하자. 그게 이 방법의 장점이다. 즉 생활을 벗어나지 않는 어학을 지향한다. 그런데 생각해보면 그것은 당연하다. 어학이 어차피 생활에서 구현되는 이상 생활을 벗어날 리가 만무하다.

3) 외국어와 한국어의 치환관계

사람들의 큰 착각은 영한과 한영의 관계이다. 즉 한영은 안 되어도 영한이 될 것이라고 본다. 물론 된다. 그런데 그 정도나 수준이 낮다. 그래서 한영 수준이 되어야 한다. 즉 '그 말이 해당외국어로 뭐지?' 라는 질문에 아주 빠르게 그리고 정확히 칼같이 대답할 수준이 되면, 한영의 문제는 아주 저절로 해결된다. 그래서 한국말로 된 것을 해당 외국어로 바로 빨리 답할 정도로 수준을 만들어야 한다.

4. 어학의 왕도는 영역확장이고 준비이다

1) 왕도는 없다?

어학에 왕도는 없다는 말을 많이 하지만 그렇지 않다. 분명히 왕도는 우리 연구진이 권하는 식이 왕도이다.

2) 어학은 준비이다

어학공부는 결국 친숙화된 파일을 많이 만들어 두는 게 이기는 것이다. 앞서 말한 I love you 같은 가청영역, 즉 친숙한 것을 많이 만들어 둔다면 영어가 안 들릴 이유가 없다. 그런 게 부족하니까 어학이 안 되는 것이다. 그렇다면 결국 어학이란 그런 파일들을 많이 만들어 두는 것이다. 즉 모름, 들어도 모름 이라는 영역에서 앎, 들어서 앎의 영역으로 바꾸어 놓는 게 어학이다.

그러기에 해당외국어를 그 나라 외국인이 말할 때 자신이 안 들리는 것은 자기가 능력이 떨어지거나, 어학에 소질이 없거나, 자신감이 없거나, 심리에 문제가 있거나가 아니라 준비가 부족한 것이다.

3) 억지로 넣는다고 넣어지지 않는다

우리의 학습법은 머리에 마구 집어넣는 과정이다. 그런데 그것을 의미적으로 보면 그게 계속 본다고 집어넣어 지는 게 있고 아닌 게 있다. 특히 조심할 것은 외국어의 경우에 좀 집어넣어져서, 즉 집중해서 막 보고 나면 이제 중기이상의 기억으로 갈 것이라고 착각해봐야 그게 아닌 경우들이 많다는 것이다.

5. 어학에 심리학의 철저한 도입

1) 왜 우리가 그렇게 시간을 들이고도 외국어가 잘 안 느는가?

'모국어가 아니니까' 하는 말은 너무도 무책임한 말이다. 아무리 우리가 모국어가 아니라도 해도 해당외국어의 노숙자도 다 그 외국어는 하지 않는가? 텔레비전에 나오는 것을 보면 3살, 4살 꼬마 아이도 그 나라 외국어는 다 하지 않는가? 그게 왜 안 되느냐는 말이다. 그것은 바로 공부를 할 때 기억이론내지는 심리학을 도입하지 않아서 이다.

2) 기억이론

그런 어학과 심리와의 접목은 일단 기억이론에서 찾는다. 어학을 어학으로만 접근하니까 우리가 이렇게 열심히 공부해도 시간만 뺏기고 답이 잘 안 나온다.

3) 마르셀 푸르스트

프랑스의 위대한 문학가 노벨문학상 수상자 마르셀 푸르스트는 의식의 흐름이라는 기법을 사용했다고 한다. 좀 지루하지만 자신의 자아와 의식의 흐름에 따라서 서술을 하는 것이다.

4) 재인의 문제

(1) 기본 의미

공부는 공부가 다가 아니라 복습이 중요하다. 어학에서의 복습이란 공부한 게 기억이 나아야 한다는 점인데 그것은 재인 의 문제가 된다. 즉 retrieve 또는 recognition 의 문제이다. 좀 쉽게 이야기를 해보면, 그전에 봤던 사람인데 다시 만났을 때 그 사람이 누구인지를 알고 가는 것이 중요하다는 말이다.

(2) 역으로 나와야 한다

우리는 공부할 때 늘 많은 양을 적는다. 그런데 그게 기억이 잘 날것이라고 생각하면 오산이다. 과거의 일기를 보면 내가 과연 이것을 내가 썼나? 하고 생각이 들 때조차 있으니 말이다. 그러니 해당외국어의 공부를 위해서는 그게 역으로 나올 정도가 되어야 한다. 그게 재인이다. 우리 연구진은 재인에 가장 많은 신경을 쓴다.

6. 결국 언어는 사용하라고 있는 거다

이런 방법들을 하다보면 가끔은 이렇게 해도 되는가라는 생각이 들 때가 있을 수도 있다. 그럴 때마다 이런 생각을 해보라. 어학은 사용해야 늘고 사용하라고 있는 학문이자 도구라고 말이다.

영역 넓히기 이고 그것은 영어로 말해서 트레일블레이져스가 되는 것이다. 즉 trail blazers 가 되어서 수풀을 헤치고 전진하고 전진해서 자신의 영역을 만들어 두는 것이 어학이다.

Ⅲ. 핵심 개념

II. 핵심 개념

1. 단어를 확실히 외운다

1) 의미

외국어의 가장 기본인 단어를 확실히 외우고 그것을 I love you처럼 거의 확실한 수준까지 만들어 외워버리도록 한다. 그것을 직청직해라고 한다.

2) 단어를 장기 기억수준으로 끌고 간다

단어를 듣고도 까먹는 수준이 아닌, 다시 봐도 또 기억이 날 정도의 장기기억 수준으로 가게 한다. 외국어는 그게 쉽게 안 되는 게 문제다. 그래도 이미 장기기억화로 된 것을 한영식으로 하는 것은 그리 힘든 문제는 아니다. 역이 안 되는 것을 계속 하는 것은 시간 낭비이다.

3) 비유적 파악: 공부사항에 재깍재깍 말하는 학생

선생님이 학생에게 공부한 사항에 대해서 물어본다고 해보자. 일종의 구술테스트를 하는 것인데 거기에 대해서 선생님이 무엇을 물어보든지 공부사항에 재깍재깍 말하는 학생이 있다. 그러면 그 학생은 그 시험에 대해서 만점 또는 아주 훌륭한 점수를 받을 것이다. 어학도 그런 이미지를 가진 사람들처럼 해야 한다. 지금 자신의 외국어 공부가 잘 안 된다면 또는 잘 안 들린다면 바로 그런 점이 안 되기 때문이라고 생각하면 자가진단이 쉽다.

2. 한글도 폭넓게 사용한다

1) 의미

우리 연구진의 제안은 한글의 우수성 활용이다. 한글은 다른 어떤 언어보다도 표현범위가 넓은 단어 중의 하나이기에 그 해당 외국어의 발음을 한글로 표현해도 전혀 문제가 되지 않는다. 그렇게 한글을 활용하자.

2) 우리 것에 자부심을 가지자

더불어 한글에 자부심을 가지자. K컬처 융성을 바탕으로 한글의 우수성을 스스로 크게 인식하고 표현어, 표현수단으로서의 가치를 높게 보자.

3. 잘 기억나는 요소에 중점을 둬서 공부의 방향을 짠다

1) 장기기억 단기기억

(1) 의미

기억의 종류에 대한 접근을 기억학자 '어빙하우스'의 이론에 기반해서 보자. 특히 중기, 장기, 단기 기억에 입각해서 공부의 관념이나 방향을 짤 필요가 있다. 현대인은 정보의 홍수 속에서 살기에 뭔가가 계속 들어오고 또 적당히 망각을 한다. 아마도 여러분들도 '망각이 없으면 우리 머리가 터져서 큰일이 날 것'같은 식의 이야기는 참으로 많이들 들었을 것이라고 본다. 그런 식으로 뇌가 움직이기에 그것을 잘 관찰해서 자신의 어학에 잘 활용하고 적용시켜야 한다.

아주 쉬운 예를 하나를 들어보자. 대중목욕탕을 가서 돈을 내면 번호가 담긴 키를 주고 그 안에 있는 동안은 그 키를 들고 다닌다. 거기에는 당연히 번호가 새겨져 있어서 나중에 봐도 그 번호를 찾아간다. 그런데 가상으로 말이다. 목욕탕에 번호표를 주지 않고 그냥 입으로 락커 번호를 말해준다고 해보자. 아마도 대혼란이 올 것이다. 처음에는 당연히 기억하다가도 말이다.

시간이 지나면 까먹게 된다.

2) 시험이나 어학은 중기기억의 싸움

(1) 시험은 중기 기억의 싸움

시험은 중기 기억 싸움이다. 기억은 장기 기억과 단기 기억 그리고 중기 기억이 있다. 모든 시험에 대한 기억은 중기 기억이다. 누구인가가 대충 말해준 전화번호라든지 병실호수 이런 것을 기억하는 게 단기 기억이다. 장기 기억은 부모님과 가족의 이름 가족의 전화번호 이런 것들이다. 그럼 그 중간에 해당하는 게 중기 기억인데, 시험은 그 싸움이다. 예를 들어서 공무원 시험을 보면 합격해서 공무원이 된 사람들이 수험생 때 봤던 시험들의 기억을 간직하지는 않는다. 그것이 바로 중기 기억이다. 그런 중기 기억은 까먹기 전에 다시금 리마인드하고, 다시금 리마인드하는 식의 훈련이 필요한데, 이럴 때 서브노트는 그런 식의 리마인드에 아주 좋다.

아마 중기 기억에 목숨 걸고 사는 사람들에 대해서 적어도 일반인의 입장에서는 이해하기 힘들 것이다. 물론 그게 바로 우리 어학 학습생들이다. 중기 기억을 쫒는 동안은 그 언어에 미친 사람 그 언어들에 목 멘 사람이 되는 것이다. 그 언어에 미친놈이 되는 것이다. 미친놈이라는 표현이 하나도 이상하지 않은 것은 그 시기에 정말로 뇌의 영역 중에 그 영역을 가득 채우기 때문이다.

여러 심리학자들은 우리 뇌에서의 기억기관이 하는 일들을 비율적으로 보면 장기 기억이 30%, 단기 기억에 20%, 그리고 나머지 50%는 중기 기억과 관련이 된다고들 한다. 즉 가족이나 자신의 직장과 관련된 인적인 관계 등등의 것들이 장기기억으로 가고, 회의 때마다 기억해야 할 그 회의의 가장 중심주제와 핫 이슈 그리고 회의에 새로 참석한 사람들 같은 것들이 단기

기억으로 간다면, 중기 기억은 그런 회의를 하게 되는 배경과 앞으로의 과제 뭐 이런 것들이 된다. 한마디로 그 사람이 밥 먹고 사는 일들의 배경이 중기기억이 되어 버린다는 의미이다.

(2) 중기 기억에서 장기 기억으로

시험 같은 것은 말 한대로 중기 기억의 싸움이다. 그랬는데 합격을 해서 중개사가 되면 그때부터는 장기기억의 문제로 치환하게 된다.

(3) 중기 기억의 탐구

그렇다면 대체 어느 범위까지가 중기 기억에 넣어야 할 범위인가? 그것이 바로 우리의 공부에서 선택의 문제가 된다. 쓰는 내용과 써지는 내용이 생기면 그게 중기 기억이 되어서 실력이 된다. 아래의 곡선은 모든 기억과 암기법 책에서 언급이 되는 에빙하우스의 기억곡선이다. 즉 기억학자인 에빙하우스는 인간의 기억을 지식과 정보의 주입과 유지라는 관점에서 탐구해서 아래와 같은 기억곡선을 만들었다. 그리하여 공부는 거의 모든 요소가 기억과 관련이 있기에 거의 모든 공부법 책에서는 이 곡선이 언급되고 그림으로 나오게 된다. 이에 따르면 그냥 놔둬도 반복적 입력으로 오래가는 것은 장기 기억이고 리버전을 해주지 않으면 오래가지 못하는 게 우리가 지금 공부하는 중기 기억임을 깨닫게 된다.

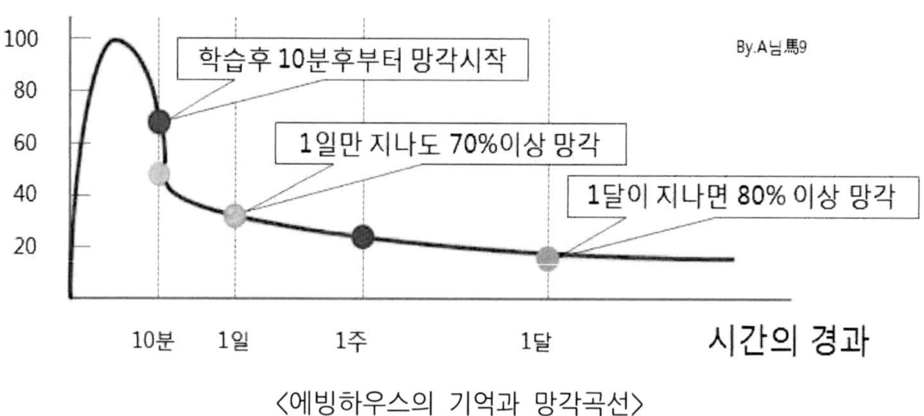

<에빙하우스의 기억과 망각곡선>

(4) 단기기억의 착각

외우려는 시도의 개수가 적을 때는 그 기억이 오래갈듯 보인다. 그런데 해보면 그렇지 않다. 왜 오래갈듯 보이고 왜 해보면 그렇지 않은가? 예시를 들어서 일본어에서 'やっと(얏또)'가 '간신히'라는 뜻을 외운다면 やっと와 간신히 사이에 고정성이 부족하다. 개별성, 특정성도 부족하다. 그런데 여기에 의미를 부여하면 그 기억은 오래 간다. 예전에 우리나라에서 술래잡기를 '야도'라고 한 적이 있는데 나이가 있으신 분들은 많이들 기억을 하실 거다. '야도'라는 말의 어원이 '夜盜(밤도둑)'을 의미했다는 설도 있고, 일본어 숙박을 의미하는 'やど(宿)'에서 왔다는 설도 있다. 어원의 진위는 제쳐두고, 우리는 여기서 'やっと(얏또: 간신히)'와 술래잡기(야도)의 개연성을 찾아내어 기억을 장기화시킬 수 있다.

3) 기억의 구조

기억이란 게 참으로 오묘하다. 이것은 뇌 원리의 파악과도 관련이 되는데, 기억이 안날 때는 참 깜깜한 어둠속에 있는 것 같다가도 어떨 때는 기억하기 싫어도 바구 기억이 난다. 그래서 기억은 정신과학자들이 말하기를 시립

식으로 되어 있다고 한다. 서랍에도 큰 키워드가 있고 그에 따른 하부의 키워드들이 있듯이 큰 키워드에서 점점 나무 트리 식으로 이어진다고 한다. 그것을 잘 활용해서 우리 어학에도 써먹어야 한다.

4) 어학도 분명히 암기과목

어학도 분명한 것은 암기과목이다. "아니 사회나 과학이 암기과목이지요. 어찌 어학이 암기과목인가요?" 하시는 분들은 아직도 어학의 본질에 대한 파악이 안 되어 있는 분이라고 봐야한다.

자신의 사고 분야란 게 있으니 그 해당분야는 무척이나 중요하다. 자신의 사고틀과 유사한 것을 가지고 외국어를 공부하면 너무 좋다. 외우는 게 많아질수록 어학이 잘된다고 하는 것은 만고불변의 진리이기에 좋다. 격언에서 200개, 취미나 흥미에서 200개 같은 식으로 해도 좋다.

4. 받아쓰기 요소가 도입된다

1) 의미

받아쓰기는 어떤 강점이 있고 어떤 약점이 있는지 구체적으로 보도록 한다.

(1) 들어가기

받아쓰기는 분명히 어학에서 아주 강력한 방법적 수단이 된다. 어학 교수님들이나 강사들은 다들 절대적 진리로 여긴다. 그런데 사실은 왜 그게 절대적 진리인지를 잘 탐구들을 안 하는 거 같다. 그래서 사람들이 선뜻 받아쓰기를 못하거나 실천에 못 옮기는 것 같다. 일단 사실 귀찮아서도 그렇다. 그래서 그 장점 강점과 단점을 분석한다.

(2) 받아쓰기의 강점

확인적 기능을 가지고 있다. 즉 해당 사실 하나 하나에 대해서 확인적 기능을 보여준다.

(3) 받아쓰기의 약점

약점은 먼저 귀찮다는 것이다. 일일이 대충하지 못하고 하나하나 제대로 봐야 하기에 그렇다. 그래서 나름의 여러 가지 변형방법이 나오기도 한다. 그래서 우리의 방법도 이것은 귀찮음의 승부가 관건이 되기는 한다.

또한 뭔가가 결과물이 남지 않는 점도 문제이다. 즉 받아쓰고 난 종이를 모아두는 것 외에는 딱히 뭔가의 결과물이 남지 않아서 그 점도 공부의 흔적 잔재 유형화라는 점에서 문제가 될 여지가 있다.

2) 받아쓰기는 확인의 의미

받아쓰기 등을 하자는 시도등과 관련지어 보면, 지금의 시도의 관계는 다음과 같은 것들을 같이 생각해본다.

(1) 받아쓰기가 묻혀서 갈수도 있다

그래서 우리 연구진의 생각은 일일이 다 귀찮게 받아쓰기를 하라는 생각은 절대로 아니다.

(2) 받아쓰기가 귀찮아서 하는 것

받아쓰기의 좋은 점을 취할 것은 취하고 그 불편하거나 번거로운 점은 과

감히 개선할 수 있게 구상과 방법을 짠다. 그래서 받아쓰기에서도 의미부여나 차별은 별로 다루지 않는다.

(3) 당연히 자연스럽게 같이 간다

그런 훌륭한 받아쓰기의 방법을 우리가 마다하고 학습 계획을 짤 이유는 없다. 당연히 같이 간다.

5. 개수를 한정한다

1) 500개 한정

개수를 일단 500개라고 해서 한정을 한다. 500개가 조금 모자랄 수도 있고 넘을 수도 있다.

2) 개수 한정이 주는 이점

개수를 한정하면 다음과 같은 이점이 있다. ① 먼저 공부의 범위가 설정이 된다. ② 그에 따른 단계 학습이 가능하다. 그래서 꼭 그 해당 개수, 즉 500개가 아니라 해도 그런 가상적 범위 안에서 목표를 따라잡듯이 공부가 되어서 효율적인 공부가 되게 한다.

6. 문장집을 활용한다

문장집을 활용해서 자기만의 예문집을 만든다. 그래서 스토리텔링과 자연스럽게 연결되게 한다. 그냥 보고만 지나치는 단어들의 공부로는 절대로 더 좋은 성과가 나올 수 없다.

7. 소리를 활용하고 가청단계까지 가게 한다

1) 의미

공부에는 어떤 목표가 필요한데 그래서 이 방법은 가청단계를 목표단계로 본다. 즉 들어서 바로 바로 직청직해가 되는 수준까지로 유도해야 한다는 것이다.

2) 비유

(1) 따박따박 대답하는 사람

따박따박 이미지라는 식으로 비유어를 잘해두자. 마치 시험을 보는 사람이 다른 보조도구 없이도 따박따박 대답하는 상태를 생각하면 쉽다.

(2) 장치가 많이 설치된 사람

어떤 비유가 가능한지 또 보면 장치가 많이 설치되어 있거나, 장치에 가득 채워 넣었거나 한 사람을 말한다. 좀 더 회화적으로 보면 기름 많이 집어넣었거나 해서 제대로 준비되어 있거나 제대로 입력을 해두었거나 하는 것을 말한다.

Ⅲ. 핵심지지 이론

III. 핵심지지 이론

우리의 방법을 지지하기 위하고 확립하기 위한 핵심적인 학습이론들을 제시한다.

1. 결사대 이론

1) 의미

이렇게 선정이 된 500개의 단어 청크 또는 문장은 바로 결사대로서 작용이 된다. 즉, 죽을힘을 다해서 나의 해당외국어 실력을 늘려주는 매개가 된다.

2) 특공대

(1) 의미

그 해당 외국어 세계를 자신 것으로 가지고 가기 위한 선발대로서의 특공대임은 분명하다. 특히 나랑 가깝다. 개념이 포함이 같이 되면서 말이다.

(2) 어떤 임무를 가진 특공대인가?

미리 그 언어에 대한 친숙화의 임무 또는 먼저 가청단어화가 되기를 바라는 임무에서의 임무를 가진 특공대이다.

2. 의미부여 이론: 김춘수의 꽃 이론

1) 의미

우리 연구진이 제안하는 이 방법은 의미부여 기능은 확실히 있다. 의미부여가 되어야 외국어 소리가 그냥 자연소리가 아니라 언어소리가 되게 된다. 외국어 그것은 귀를 쫑긋 세운다고 되는 게 아니다. 준비의 다른 노력이 필요하다. 단순 500개로는 좀 더 확장의 여지가 없어 보인다. 그냥 묶어 놓은 것에 불과하다. 그러니 의미를 부여받고 나온 500개가 의미가 있다.

2) 고정화의 의미

그냥 흘러가는 지식이 아니라 다음과 같은 의미에서의 의미 있는 지식으로의 변화이다. '넌 내가 점찍어 둔 지식이다' '그래서 너는 특별한 존재이다'

3) 차별성&거리&가청수준

(1) 각각의 뜻

거리는 즉 친숙화이다. 친해지니 거리가 아주 가까워지는 것이다. 우리가 활용하자는 생각은 자신의 뇌와 그 둘레를 감싸는 생각을 활용하자는 것이다. 아래에서는 각각의 서로간의 관계에 대해서 서술한다.

(2) 차별성이 생기면서 거리가 가까워진다

차별성은 개별적 의미부여에서 생긴다. 차별성도 생기고 그러면서 나와 거리도 가까워지는 것이다.

(3) 차별성이 없으면

반대로 이야기 하면 차별성이 없으면 거리가 멀어진다. 말의 의미들을 잘 살펴볼 필요가 있다.

4) 심리학의 도입

이런 의미부여도 보통의 심리학과 철학에서 무척이나 신경을 써서 연구하는 부분이다. 그러기에 이런 의미부여론을 통해서 여러분들은 자연스럽게 심리학을 해당외국어 공부에 도입을 하는 것이다.

3. 작은 시험 큰 시험 이론

1) 의미

이것도 다 시험의 과정이라면 작은 시험에 대해서 먼저 합격내지는 능숙해지고 다음 것을 한다.

2) 다 외우려고 하지 말라

그렇게 해서 만든 문장을 다 외우려고 하지 마라. 부분만 내 것으로 챙겨도 된다. 문장을 통째로 외울 수 있다면야 좋은데 그게 또한 욕심을 만든다. 거기에서 단어 청크 표현 등을 챙기기만 해도 당신은 성공이다.

4. 책임감 이론: 책임감에 호소한다 이론

적어도 이것만큼은 외워라. 당신이 어학을 공부하는 사람이라고 스스로 자부한다면 말이다. 범위를 정해두고 내가 외국어를 공부한다면 이 정도는 해야 한다는 생각으로 덤벼든다. 그냥 막연히 하는 것보다는 훨씬 낫다.

5. 누적과 노력이론: 1만 시간 이론

1) 의미

무엇이든지 뭐에 대해서 결과를 이루려면 집중해서 일정시간을 투자하도록 한다. 그래서 그것을 세간에서는 '1만 시간 이론'이라고 하는데 나쁘지 않은 표현이다.

2) 1만 시간을 헛되이 보내지 마라

그런데 그 1만 시간도 어떻게 보내는가에 따라서 아주 달라진다. 효율적으로 보내지 못하면 효율적으로 보낸 사람보다 인생의 낭비가 있는 셈이다. 그러지 않게 우리 연구진이 도움을 드리겠다.

6. 동기부여 이론: 지루하지 않게 공부해야 한다

1) 의미

같은 일도 어떤 사람은 참으로 지루하게 하고 어떤 사람은 즐겁게 한다. 거기에 착안하는 게 우리 이론이다.

2) 지적 즐거움의 가장 기반은 호기심

(1) 의미

호기심을 충족하면 공부나 학습이 즐겁지 않을 리 없다. 두툼한 어학단어장은 참으로 숨 막히고 지루하기 그지없다. 호기심은 공부를 주체적으로 그것도 즐겁게 하기 위한 기반이다. 내가 애착을 갖고 내가 관심을 가지고 평소에도 많이 이야기하는 문장과 말이 있다. 그런데 그게 그 해당외국어로는 어떻게 표현될까? 이런 것들을 떠올리는 것이 아주 자연스러운 호기심의 발로가 된다.

(2) 하고 싶어서 하는 공부가 되어야 한다

그래서 호기심을 극도로 발휘한 공부가 '하고 싶어서 하는 공부'가 되어야 한다. 예를 들어서 자신이 공부하고 있는 외국어의 텔레비전 방송을 그렇게 보는데도, 그렇게 열심히 해도 진척이 없다면 자존심이 상하기도 해서 도대체 저들이 뭐라고 하는 거야? 하는 식의 불같은 호기심도 호기심의 하나라면 하나다.

3) 동기 부여 이론은 전체적으로 적용

동기부여 이론은 이 책과 이 학습법 전체적으로 적용이 된다.

7. 차별화 이론, 범위 이론

범위를 만들어서 공부해나갈 생각을 하지 않았다면 외국어는 절대로 늘지 않는다.

8. 체념 단념의 효율화 이론

1) 의미

체념이론라고도 하는데 너무 선을 넘는 것에 대해서는 하지 않는다. 너무 욕심을 부려는 것도 본인이 힘들다. 그러기에 우리는 일단 500개 이야기를 먼저 한다.

2) 일보 전진을 위한 이보후퇴

단어장등을 스스로 만들다보면 이걸 언제 다 외우는가라고 생각을 하게 된다. 그런데 비유적으로 이야기하면 큰 케이크 덩어리 전체를 보면 저거 언제 다 먹나 하지만 조각 케이크로 만들어서 한 덩이 한 덩이 먹다보면 '어 이거 언제 다 먹었지?'하고 생각하게 된다. 그런 논리를 공부에도 도입을 하라. 그래서 당장을 알고 갈 영역과 그렇지 않은 영역을 나눠서 공부를 해야 한다.

9. 한국어/외국어, 외국어/한국어 이론(한일, 일한)

1) 한일/일한의 예시

보통은 우리가 외국어에서 한국어로의 로직만 생각을 한다. 그런데 음성언어까지도 완벽히 내 것으로 하려면 한국어를 그 해당외국어로 하는 부분 그러면서 음성까지 하는 부분으로 연결이 되어야 한다.

이론이 약하면 '왜 굳이 그런 작문수준까지 가는가?'라고 할 수 있는데 그렇지 않다. 그런 작문수준까지를 가야 완벽히 내 것이 된 것이고 특히 음성에 익숙해져서 완전히 자신의 것이 된다. 과거에도 '말할 줄 알아야 들을 수 있다.'는 유명학습격언이 나온 것도 다 그런 원리이다.

2) 구글 번역기 등의 도움

(1) 의미

인터넷식 방법 또는 구글식 방법이라고 감히 명명을 해도 될듯하다. 여러분들은 참으로 공부하기 편한 세상에 살고 있다. 종이사전을 보던 때가 엊그제인데 말이다. 이런 학습은 구글의 도움을 상당히 받는 셈이 된다. 귀차니즘의 극복에 도움이 된다.

즉 작문의 시도만으로 외국어 공부의 지평이 넓어진다고 봐야 한다. 또 하다보면 '아, 외국어 별게 없구나.' 라는 자신감이 생긴다. 즉 '말하는 범위가 아주 더 까칠하게 넓지는 않구나.' 하는 자신감 말이다. 그런데 그게 온 작문이 아니라 반작문이다. 구글을 이용한 것이니 말이다. 그런 생각이 자기 자신을 편하게 한다.

(2) 구글 번역기를 잘 쓰는 법

다음의 팁을 쓰면 그래도 아직도 오류가 존재하는 구글 번역기를 좀 더 잘 활용할 수 있다.

① 문장부호 사용을 잘 해라. 따옴표나 인용표시, 마침표 등 말이다. 일단은 쉼표나 마침표를 많이 써라. 그래서 로드를 줄여주자.

② 한글 수정권고도 잘 활용하라. 요즘은 구글 자체도 점점 진화가 되어서, 우리가 입력을 해서 넣은 한글이 좀 어색하거나 하면 더 번역하기에 좋은 모습으로 진화를 시켜준다.

10. 장기/중기/단기 기억이론

1) 의미

앞서도 심리학의 도입과 중요성에 대해서 말했다. 어학은 장기기억화로 넘겨야 하는 문제이니까 편승의 문제로 간다는 의미이다. 그런데 그런 문장들은 이미 (꼭 그 해당 외국어로가 아니라도) 한국어나 다른 외국어래도 장기기억화가 된 것들이니 거기에 편승해서 어학실력을 늘리자는 소리다. 우리는 오늘도 수많은 문장을 보고 듣고 또 까먹고 한다. 수많은 책에, 방송에, 보고서에, 강의를 접하고서도 결국 까먹고 한다. 그래서 어학은 교두보를 만들어 내는 과정인데, 즉 이미 장기기억화가 된 것을 많이 만들어 내는 과정이어야 한다. 그게 바로 모자이크 식이다.

2) 휘발성과의 관련

공부를 할 때는 그 공부한 내용이나 기억이 꽤 오래 간다고 착각을 한다. 특히 몇 시간이 좀 지났는데도 기억이 남아 있으면 '아 이것은 중기 또는 장기가 되었구나.'하고 착각을 한다. 그런데 그렇지가 않다. 그래서 장기기억화가 어려운 것이다. 그런 모든 것이 휘발성과 관련이 있다.

3) 너무 길게 문장을 만들지 말라

(1) 의미

너무 길게 문장을 만들면 만들 때는 좋을지 몰라도 기억이 잘 안날 수 있다. 가급적 끊어서 짧게 만든다.

(2) 기억의 단계이론

큰 키워드에서 자꾸 아래로 가는 하단으로 자연스럽게 가게 해야 한다.

11. 자기 중심이론

1) 의미

결국 자신에게서 답을 찾아라. 즉 내가 중심이 되는 공부이다. 어찌 보면 주관성을 중심으로 한다고 할 수 있고 좋게 이야기하면 흔히들 서비스업에서 많이들 말하는 맞춤형이다.

2) 자신에게 배인

자신의 머리에 배인 사고, 자신의 입에 흔한 말 이런 것을 이용해서 공부하자는 생각이다.

익숙이 승리를 갖고 오기 때문이다. 즉 쉽게 영어로 말해서 '익숙 pays'(익숙은 효력을 발휘한다)이다.

3) 자기 노트 자기 단어장이 있어야 한다

(1) 기본의미

보통의 일반적인 시험공부를 할 때 작성하는 것을 서브노트, 요약노트, 오답노트 같은 식으로 표현들을 많이 한다. 그런데 분명한 것은 자기 노트를 갖고 있어야 한다는 것이다. 남이 한 것은 아무리 내용이 좋아도 그것은 남이 한 것이다. 그래서 효과가 낮다. 자기 것을 만들어야 한다.

고시 등의 시험에서도 자기 서브노트가 있어야 한다. 즉 고시 2차 주관식 시험에서도 자기 노트가 있어야 하듯이 우리도 그렇다. 왜 그런가? 결국 주관화가 공부의 가장 중요한 열쇠가 된다. 즉 해당 외국어 자체는 지극히 객관적 대상이지만 그것을 자기 스스로에게는 주관화를 해야 한다. 우리의 방법은 어떤 측면에서는 개인의 기억과 추억을 활용한다고 봐야 하기 때문이다.

(2) 반복을 통해서 각인된다

예를 들어서 학습이나 공부의 준칙 같은 것도 반복해서 하다보면 그게 강화 각인의 효과가 난다. 즉 반복은 강화와 각인을 가져온다.

(3) 인생교과서

반추해보면 그런 것들은 인생교과서라는 표현이 맞아 보인다. 자기의 단어들이 적혀져 있고 자기의 생각과 자기의 경험들이 녹아져 있으니 말이다. 어학의 이 모든 것들이 나의 지금까지 살아온 것들에 대한 누적정보이다.

(4) 주관화가 되면 지식이 성큼 다가온다

이 책에서는 계속 해당외국어의 공부가 지식과의 거리의 문제로 이야기를 하고 있지만 그래서 주관화가 되면 그 지식이 성큼 나에게로 다가온다. 그만큼 거리가 빠른 속도로 줄어든다는 의미가 된다.

(5) 범위를 통찰하는 기능도 있다

자기 단어장이 되어야 자기가 아직은 모르는 것은 넣고 이제 확실히 알만한 것은 빼고 하는 식의 접근이 필요하다. 그러면서 일정단계가 되면 자신감을 부여하는 기능까지도 있어서. 전체적으로 범위를 봐서 별개 없다는 것을 보여주는 기능이 있다.

12. 중간 매개이론: 단순반복만으로는 안 된다 이론

1) 의미

우리가 어학공부를 하면서의 가장 큰 실수는 '단순반복을 하다보면 언젠가는 되겠지.'라는 생각이다. 암기의 대상이 몇 개 안되면 그것도 가능은 하다. 우리가 자기 집이나 아주 친한 몇 사람의 전화번호는 외우고 사는 경우가 그 예이다. 그러나 그 이상의 범주를 넘어가면 절대로 단순반복으로는 해결되는 게 없다는 것을 깨닫고 해당 외국어에 대한 공부를 해야 한다. 그래서 뭔가 중간의 매개물 혹은 중간단계가 있어야 함에 대해서 알고 가야 한다. 인식하고 공부를 해야 한다.

2) 단순반복만으로는 되지 않는다

'이러다보면 되겠지.' 하는 단순하고 근거 없는 기대에서 출발하는 단순반복만으로는 되지 않는다. 그에 대한 이야기를 제시해 본다. 상담사례를 보자.

학습자: 정말로 단순히 계속 보는 것만으로는 안 되는 것 같아요.
연구진: 네. 맞습니다. 뭐 그런 비슷한 사례가 있으셨나요?
학습자: 네. 제가 안 외어지는 단어들을 거울에 포스트잇으로 많이 붙여놓고 봤거든요.
연구진: 네. 그런데요? 아주 나쁜 방법은 아닌 것 같은데요.
학습자: 네. 그러게 말입니다. 그런데도 지속적으로 조금은 가까워지지만 아주 완벽히 암기가 되지는 않더라고요.

13. 편승이론

1) 의미

편승이론이란 어디인가 더 확고하게 잘 기억되고 머릿속에 확립이 된 것에 대해서 편승해서 외움의 대상으로 한다는 이론이다. 우리의 방법은 전형적으로 편승이론에 기반하고 있다.

2) 개사곡이 위력을 발휘할 때가 있다

살다보면 노동 현장이나 선거판 또는 치어리더들에게서 개사곡을 많이 볼 수 있다. 원곡이 있음에도 상당히 각인이 잘된다. 편승이론이 작용한다.

14. 어학은 준비된 것을 뽑어내는 것이다 이론

어학은 비유적으로 머릿속이 하드디스크고 공부는 채우는 것이라고 생각하면 쉽다. 그래서 '어학은 준비된 것을 뽑어내는 것이다' 이론으로 정의 내린다. 즉 어학은 그날그날의 순발력이나 언어 감각이 아니라 미리 준비가 된 지식을 토해내는 이론으로 생각하면 된다. 즉 내 뇌를 컴퓨터 내지는 하드 디스크라고 생각하고 꽉 차게 만드는 것이다.

Ⅳ. 이 방법의 목표와 기대효험

IV. 이 방법의 목표와 기대효험

1. 이 방법의 좋은 점

1) 집중성

(1) 의미

일단 거기에만 집중하자. 그것이 바로 집중성으로 정의 내려진다.

(2) 우선순위 제시

어떤 것에 대해서 더 우선순위를 가지고 책을 봐야 하고 외울지에 대해서 방향을 제시한다.

실제로 과거에 빅히트를 했던 영어 단어 학습서인 '우선순위 영단어'는 그 단어의 우선순위보다는 오히려 그루핑, 즉 이것만 봐라하는 기능이 더 효험이 컸다고 본다. 이런 우선순위 개념은 필요하다. 내가 스스로 그루핑을 하지 않아서 그랬던 측면이 크다.

그래서 머릿속에서 또한 눈앞에서 흘러만 가는 저 수많은 문장들과 단어들 중에서 어떤 부분에서 우선순위를 매기고 공부해야 가장 좋게 자신의 머리를 채우면서 그 해당 외국어를 정복할 수 있을지에 대해서 가장 효율적인 제시를 하는 것이 우리의 방법이다. 비유적으로 이야기하면 그것도 일종의 비밀의 문이다. 즉 '비밀의 문아, 열려라'하는 마음으로 접근을 하는 대상인데 열심히 막무가내로 공부하다보면 언젠가는 어학의 문이 열리겠지만 문제는 다들 그렇게 시간들이 한가하지가 않다는 것이다. 그러기에 우선순위를 기다려야 한다.

2) 실제 적용성

어차피 사전에 나오는 모든 언어를 언어생활에 다 쓰지 않는다. 그러한 실제 적용성에 유념 염두를 둔다.

3) 목표성

그것만 해서 그것이 아닌 것은 백안시한다. 그래서 효율성이 같이 나온다.

4) 애착성

(1) 기본 의미

자신이 좋아하는 것으로 하니 당연히 공부에 애착이 생긴다. 그러한 애착을 활용한다. 자꾸 더 보고 싶고 애착이 가는 것을 소재로 한다. 본인이 한글로도 담아두고 싶은 문장이나 사고, 생각을 해당 외국어로 바꾸어서 '이 말이 이 외국어로는 어떻게 될까?'하고 생각해보고, 실행에 옮기는 것은 아주 멋진 일이다.

그렇게 학습을 하게 되면 정붙일 대상이 생기는 셈이다. 즉 한국말로도 간직하고 있으니 가급적 외국어를 하면서 정을 붙이면 나쁘지 않은 셈법이 된다. 한국말로도 버리기 아까운 것이기에 버리기 아까워지는 것이다.

(2) 뭐 하나를 모으고 정리를 해도

뭐 하나를 모으고 정리를 해도 그냥 다하는 게 아니라 자기가 애착을 가지고 있는가, 아닌가를 기준으로 해서 범위에 넣을지 말지를 결정해야 한다. 상담사례를 보자.

학습자: 그러면 예를 들어서 노래를 가지고 예문을 정리해서 만든다고 해도, 다 하는 게 아니라는 것이지요.

연구진: 맞습니다. 다하면 기존의 방법하고 그냥 똑같아 지는 것이지요.

학습자: 그럼 그중에서 좀 더 애착이 가는 것 내가 친한 것, 이게 기준 맞나요?

연구진: 네. 맞습니다. 그러니 예를 들어서 노래를 가지고 한다면 그래도 내가 많이 흥얼거린 거, 내가 애착을 가진 애창곡 이런 것들이 되어야 한다는 것이지요.

학습자: 그리고 좀 더 나아가서는 노래에서도 너무 많은 대사를 따서 공부하지는 말라는 것이지요.

연구진: 네. 맞습니다. 그러면 또 그것들 끼리에서 혼동이 일어납니다.

5) 학습의 예측과 평가가능성

학습의 예측과 평가가능성을 가지고 있다는 게 이러한 방법의 아주 큰 장점중의 하나이다. 그 의미는 누구나의 학습고민이 있다. 즉 어릴 때부터 생각한 '많이 앉아있고, 많은 시간 투자하니 점수 잘 나오면 좋겠다.'는 것이다. 그런데 그게 구현이 우리 방법이다. 그러니 학습자 당신은 열심히만 하면 된다.

2. 효험

1) 그렇게 되면 아주 단시간에 실력자가 된다.

(1) 의미

어떠한 외국어도 이렇게 하면 단시간에 실력자가 된다. 일본어도 그렇고 영어도 그렇다.

(2) 문장 복합체

문장 복합체로서 기능하기에 효율적으로 암기가 된다. 즉 그냥 간단히 나오는 게 아니라 문장으로 거기에 음성으로 거기에 의미가 덩어리로 살아서 모습을 가지는 것까지도 되니 의미가 있다는 것이다. 잘 외워지고, 머릿속에 어딘가에 잘 존재하게 된다. 혼자 있으면 암기가 잘 안 된다.

2) 의지가 작용

머리에 담아두려는 의지가 작용한다. 안 그러면 그냥 보고 버린다.

3) 들린다

이렇게 해서 해당외국어 단어장이 상당 부분이 좀 차게 되면 리스닝이 좀 더 들린다. 상큼하게 자기 실력이 올라가는 것이다.

4) 왜 안 들리는 지에 대한 이유가 명백해 진다

우리의 방법대로 하면 자가 진단이 된다. 왜 안 들리는 지에 대한 이유가 아주 명확해 지는 것이다.

3. 방법에 대한 반론

1) 반론

'500개가 너무 작지 않은가?' '그걸로 다 되는가?' 라는 식의 생각이 들 수 있다.

2) 지지론

일단 그거라도 열심히 하자. 하다보면 진리를 알게 된다.

V. 기존 유사 컨셉과의 비교

V. 기존 유사 컨셉과의 비교

기존의 유사한 컨셉과의 비교를 통해서 우리 방법의 우수성에 대해서 보여주고자 한다.

1. 500문장만 외워라 식의 방법

1) 의미

기존의 '500문장만 외워라.' 같은 책과는 어떻게 볼 것인가? 그런 책도 많이 있지만, 문제는 그렇게 제시된 그런 문장들이 그게 잘 안 외워진다는 점이다. 그런데 우리의 방법은 아주 구체적으로 그 구별성을 같이 제시를 한다. 즉 기존에 '1000개 문장으로 하라, 500개 문장으로 하라.'와 좀 다른 게 있다면 문제의식적으로 이런 게 다르다는 점을 보면서 공부들을 하기 바란다.

2) 차이점

(1) 목표만 제시할 뿐 고기 낚는 법을 제시하지 못함

극단적으로 이야기를 해서 고기만 제시를 했다고나 할까 그렇게 보면 된다. 고기 낚는 법이라는 표현이 아주 이 상황에서는 적절하다. 즉 그들은 단어 외움 또는 장기기억에 대해서 이야기 하지 않았다. 그냥 외우라고 좌표 내지는 목표만 제시한 셈이다.

(2) 동기부여가 무척 약하다

실생활에의 접근도가 약하다. 정말로 그냥 저냥의 이야기들이 많아서다. 또

한 접해도, 애착도가 약하다. 어찌 보면 나는 언어의 마술을 하는 셈이다. 좋은 머리를 바탕으로 해서 말이다.

3) 통암기를 하라는 방법 또는 책

통암기를 하라는 방법 또는 책이 있다. 그런 통암기는 할 수만 있다면야 하면 좋다. 그런데 그게 쉽지 않다. 일시적으로는 외워졌다고 생각해도 시간이 흐르면 잊힌다. 단기기억의 착각에 빠지기 때문이다.

2. 예문으로 공부하기 방법

1) 예문으로 공부하기

어학은 예문으로 하라고들 한다. 하지만 언제 내 귀가 뚫릴지 알 수가 없다.

2) 단점

예문만 제시를 했지 외움에 대해서는 대책이 미약하다. 물론 그냥 외우는 것보다 예문을 통하면 낫기는 하다. 그래도 확실한 접착 노력을 하지 않는 이상 그 효과는 약하다.

3. 일기쓰기

일기쓰기는 아주 좋은 방법 중의 하나이다. 그냥 무의미한 막무가내의 작문보다는 훨씬 좋다. 장점으로는 번역적 사고는 좋다. 하지만 단점은 기억이 안 나고 흘려보내는 지식은 다소 무의미하다는 점이다. 아무리 안하는 것보다는 낫다고 해도 그래도 흘려보내는 지식은 다소 무의미하다.

4. 왜 이런 외국어 공부계획이나 공부전략 짜기가 힘든가?

1) 그런 전략을 가르쳐 주는 곳이 없다

단어는 많이 가르쳐 주고, 문법도 가르쳐주고, 부분 부분은 가르쳐 주지만 말이다.

2) 아예 시험을 본다면

시험을 본다면 효과가 나올 수 있다. 시험은 심리적 강제이다. 마음이 조급해지지만 의욕은 더 충만해진다. 그러기에 시험 없이 해당외국어를 공부하려는 사람은 쉽지 않다.

3) 아예 외국에 산다면 모르겠는데

던져지면 거기에 대해서 애착내지는 생존욕구 때문에라도 하나하나의 단어와 뜻에 대해서 강한 애착이 생긴다.

조선시대에 풍랑 때문에 한국으로 표류한 네덜란드 사람들은 여기에 억지로 살면서 좋으나 싫으나 밥을 먹으려면 한국어를 했어야 했을 거다. 그런 논리를 이해하면 된다.

Ⅵ. 500개의 선정기준

VI. 500개의 선정기준

1. 일단 자신이 지금 약한 것

드릴 500개 같은 식이 되어야 한다. 즉 이미 아는 것은 해봐야 늘지 않는다. 그게 여름에도 집합, 겨울에도 집합 이론과 연결이 된다. 그 이론에 대한 해설은 뒤 파트에서 살펴보자.

2. 대상 책이나 대상 아티클도 중요하다

속담은 내가 필요성이 크기에 의미가 크다. 내가 활용할 여지도 생각해서 고민해 보자. 앞으로도 나의 활동에 활용할 여지는 아티클 선정에서 무척 중요한 요소가 된다. 그것을 봐도 쓰임새라는 것은 중요한 요소이다.

3. 격언 등

1) 다른 비교 대상

(1) 기본 비교

격언과 자신의 흥미를 기본으로 한다. 다른 요소를 비교해서 표로 본다. 연설과 노래 등이 비교요소로서 작용한다.

	길이	생활 속 일상어
연설	X 너무 길다	△ 일상어 요소가 반, 아닌 요소가 반이다
노래	△	△ 생활에서 반쯤 쓰인다

(2) 특히 노래의 경우

노래 채택의 문제를 생각해 본다. 영화에서의 명대사에서는 분절이 되어 있는데 노래는 그러한 분절이 없기에 한 노래의 가사들 중에서 무엇을, 어떤 부분을 선택하는가에 대한 암기의 스트레스 등이 있어서 꺼리는 것 같다. 그러니 한 노래에서 한 개만 한다. 왜냐하면 재인에 부담이 있기 때문이다. 지금 이런 작업은 재인이 무척이나 중요하기 때문이다.

노래의 장단점을 보면 다음과 같다. 의미적으로 보면 노래는 외국어 공부에 아주 좋은 수단 중 하나이다. 장점은 그래도 일반 말보다는 기억이 오래간다는 점이다. 단점은 한 문장이 아니라서 그 메시지 전달의 분명성 또는 머릿속에서 자리차지 하기의 분명성이 부족하다는 것이다. 즉 너무 넓다.

2) 좋은 점

동기부여가 철저하다. 인생의 동기 하나는 사업의 동기로서 작용한다. 그 점을 염두에 둬야 한다.

3) 이것은 대단한 발견

이는 역사성을 가진 발견이다. 즉 과거의 우리 연구진과 또한 다른 외국어 전문가들의 역량이 다 녹아든 것이다.

4) 문장 찾는 법

(1) 성인물

어떤 분은 성인물로 공부를 해보겠다고 해서 권해보았다. 왜냐하면 자신에게 끌리는 것이 최고이기 때문이다. 그분도 그것을 해보려고 했던 계기는 '왜 해당외국어를 이렇게 열심히 했는데도 그렇게 바로 성인물이 이해가 안 되더냐.'는 것이다. 즉 '성인물을 바로 이해 못 하다니 문제 있는 거 아니냐?'는 자각에서 시작되었다.

(2) 격언

외국어 격언은 어떤 것들을 묶어서 할까?
① 유머러스한 것
② 공감 가는 정도, 동감되는 정도가 큰 것
③ 큰 교훈성: 읽어보면 공감대를 주면서 맞아 맞아 하고 교훈성을 주는 것, 폐부를 찌르는 것 같은 것들이다.
④ 강렬한 인상/느낌/기억을 주는 것: 강렬한 인상, 느낌, 기억을 주는 것도 남는다. 그런 식으로 특히 인상이 강한 것을 '나 같으면 언제 기억에 남는가?'라는 식으로 생각해보는 게 좋다. 그래서 장기기억의 조건은 '각별성이 있으면서도' '연결성이 있어야 한다.'는 것을 생각해보면 된다.

상담사례를 보자.

학습자: 격언의 우리 생각에 맞추기의 문제가 있습니다.
연구진: 무슨 의미이신지요? 뭐가 잘 안되어서 잘 안 맞춰 지는가요?
학습자: 아 네. 격언집과 인터넷에서 다운된 것을 같이 해서 보고 있는데 별로 결과물이 잘 안 나오는 것 같아서요.
연구진: 네. 그것은 계속적으로 변환활동을 해야 한다고 생각하시면 됩니다.
학습자: 계속적으로요?
연구진: 네. 그래서 공부가 의미가 있고 글이 의미가 있지요. 계속 읽어나가다 보면 분명히 의미가 더 다가오면서 호불호가 나오게 됩니다.
학습자: 네. 알겠습니다.

5) 격언의 내용

일본어 외에도 '독일어나 프랑스어 책에서 어떤 것들을 묶어서 할까?' 라는 생각에서 사람들이 자주 말하는 것을 적어본다.

(1) 다이어트 관련

현대 사회에서 다이어트나 체중조절에서 자유로운 사람이 있을까? 아마도 없을 것이다. 그에 대한 아이디어를 연결해서 이야기 해주면 기억도 잘되고 좋다.

(2) 돈 벌기 관련

재테크나 돈벌이에 대한 것은 다들 관심들이 높다.

(3) 성인물 관련

인간으로서 에로스는 영원한 주제이자 숙제이다. 사랑은 영원한 세계 테마이고 그것이 성인으로 가면 에로스로 발전하기 때문이다.

6) 다른 언어도 또 다른 언어 속담으로 해도 된다

과거에 중국어로 된 속담집을 찾으려고 무지하게 애를 쓴 분이 우리 식 방법으로 번역을 해서 쓰니 효과가 높았다고 한다. 즉 예를 들어서 중국어 공부를 하려는 분들은 꼭 중국어 속담집을 찾아서 공부하려고만 애쓰지 말고 다른 나라 속담집을 중국어로 번역해서 해도 중국어 습득에 큰 도움이 된다는 것이다.

7) 언어별 혼동 현상이 괜찮은가?

(1) 뭐가 문제?

그게 사실 생각이 나야 정상이다. 안 나면 능력부족이다. 특히 내가 여러 개 언어를 하려고 욕심을 낸 이상 그렇게 하는 게 정상이다.

(2) 같은 문장으로 각국 언어를 공부하면서의 장단점

같은 문장으로 각국 언어를 공부하면서의 장점은 연관관계가 붙는다는 점이다. 반면 단점은 혼동이 올 수 있다는 점이다.

4. 500개 안에 들어간다는 말의 의미

1) 습득의 정도

500개 중에서 학습이 되고 안 되고, 습득이 되고 안 되고의 기준은 다소 심리적으로 따진다. 왜? 아주 칼같이 할 수 없으니까 말이다. 다만 강력한 방법을 써서 그게 좀 더 빨리 자기 것이 되게 한다. 자기 가청단어가 되게 한다.

2) 500개에 대한 나의 마음가짐

(1) 내 새끼 의식을 가지고 간다

확실하게 내 세끼 500개를 챙긴다는 마음으로 간다. 반복해서 보다보면 우리 것, 우리재산, 내 새끼가 된다.

(2) 내 신경의 범주 안에 들어간다는 생각이 든다

자신과 가까워서 넣었지만 그것은 한국어를 기준으로 좀 하는 이야기이지, 그것을 해당 외국어로 번역을 해서는 별개의 문제가 되면서 이제는 내가 책임을 지고 신경을 쓰는 범주 안에 들어간다는 의미가 되어 버린다.

쉬어가는 페이지 : 작성 단어장 사례

학습자가 작성 중인 단어장을 한번 보여드린다. 중간에 존재하는 500이라는 것이 만들어진 예문집의 앞 제목을 따온 것이다.

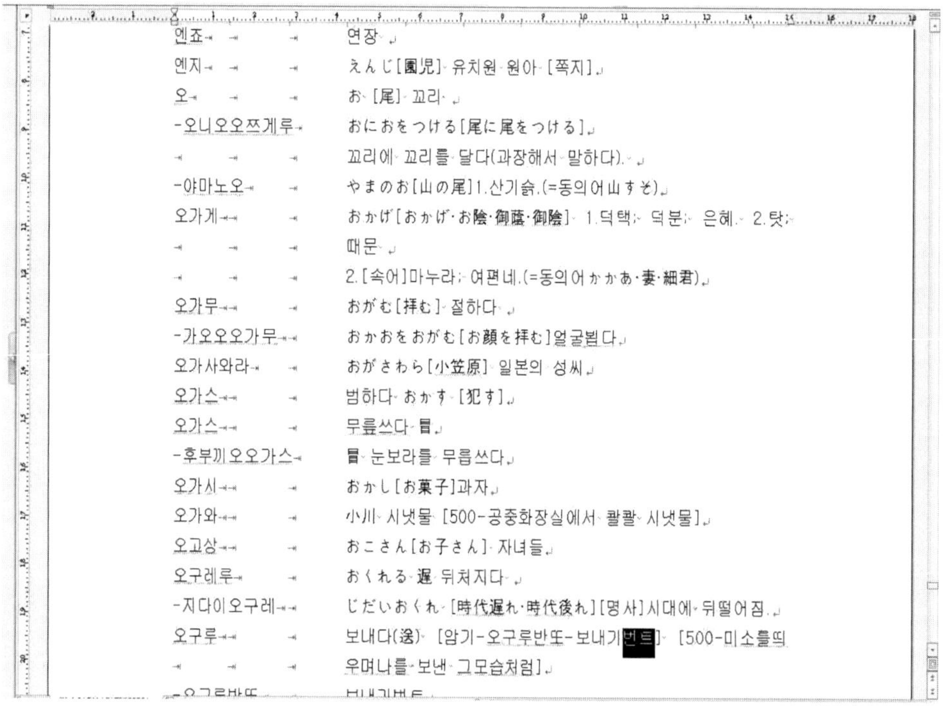

엔죠	연장
엔지	えんじ[園児] 유치원 원아 [쪽지].
오	お [尾] 꼬리
-오니오오쯔게루	おにおをつける[尾に尾をつける].
	꼬리에 꼬리를 달다(과장해서 말하다).
-야마노오	やまのお[山の尾]1.산기슭.(=동의어山すそ).
오가게	おかげ[おかげ·お陰·御蔭·御陰] 1.덕택; 덕분; 은혜. 2.탓;
	때문
	2.[속어]마누라; 여편네.(=동의어かかあ·妻·細君).
오가무	おがむ[拝む] 절하다
-가오오오가무	おかおをおがむ[お顔を拝む]얼굴뵙다.
오가사와라	おがさわら[小笠原] 일본의 성씨.
오가스	범하다 おかす [犯す].
오가스	무릎쓰다 冒.
-후부끼오오가스	冒 눈보라를 무릅쓰다.
오가시	おかし[お菓子]과자.
오가와	小川 시냇물 [500-공중화장실에서 콸콸 시냇물].
오고상	おこさん[お子さん] 자녀들.
오구레루	おくれる 遲 뒤처지다
-지다이오구레	じだいおくれ [時代遅れ·時代後れ][명사]시대에 뒤떨어짐.
오구루	보내다(送) [암기-오구루반또-보내기벤트] [500-미소를띄
	우며나를 보낸 그모습처럼].

Ⅶ. 실제 실천[1] 동영상 활용

VII. 실제 실천[1] 동영상 활용

1. 의미

텔레비전이나 유튜브 동영상을 보는 것은 두 가지 의미를 가지는 과정이라고 보면 된다. 하나는 아직도 미흡한 것들 처리가 되어야 할 것들을 찾아내는 과정이다. 둘째는 테스트 즉 이미 수준이 되어 있는 것들을 훈련하는 과정이다. 그래서 시간이 지날수록 부족한 부분들이 줄어들면서 준비가 된 부분들이 자연스럽게 늘어나는 게 정상이다.

2. 적는 소리는 어떤 소리?

그렇게 되면 잘 적게 되는 소리는 화면이나 내용과 관련이 되는 소리를 위주로 적을 것이다. 그렇지 않고 좀 무의미한 것을 적는 것은 좀 효율적이지 않다. 즉 다소 의미가 연결이 되는 소리를 적지 그렇지 않은 것을 적지는 않게 된다.

실제로 소리만 그냥 적어보면 그게 무슨 단어를 말하는지 캐치하기가 좀 쉽지 않다. 그러기에 가급적 그것을 보고 적어내면 도움이 되어서 그 당시에는 완전히 백지상태에서 캐치가 안 되어도 다음에 들을 때는 상당히 캐치가 되는 상황이 생길 수 있다.

특히 자막이 있는 것에 대해서는 들릴락 말락 간당간당한 부분을 적는 게 의미가 있다. 즉 아는 것은 적는 게 의미가 없고, 너무 모르는 것은 모르니까 아예 들리지 않는다. 그래서 간당간당한 소리를 적어서 빨리 내 것으로 만들어서 다음번에 그것을 만날 때는 간당간당하지 않은 소리로 가게 해야 한다.

3. 실제적이고 강력한 받아쓰기

1) 의미

(1) '강력한'의 의미

받아쓴다고 다가 아니다. 결국 확인 또는 정확한 확인 작업을 통해서 그 해당단어의 소리와 뜻과 자신간의 거리를 줄여나가는 것이 중요하다. 그래서 실제적이고 강력한 받아쓰기를 해야 한다.

(2) 내가 역으로 그 문장에 대한 접근이 가능해야 한다

역으로 가능하다는 것은 무에서 출발해서 그 문장으로의 접근 어프로치가 가능하다는 것이다. '그게 뭐였지?' 하고 말이다.

(3) 강한 인상이 박힌 것은 까먹지 않는다

강한 인상의 의미가 무엇인가? 아주 강하게 맞거나 대충 맞아도 그 표현이 아주 강하게 표현되거나 비유되었거나 한 것들 말이다.

(4) 끈끈이 받아쓰기

비유를 해보자면 이렇게 잘 되는 것을 끈끈이 받아쓰기라고 표현하고 싶다.

2) 효험

(1) 실력이 계속 업이 된다

이런 과정을 통해서 실력이 지속적으로 업이 된다. 업이 되지 않는 받아쓰기는 좀 문제가 있는 것이다. 즉 점점 실력이 쌓여져 나가는 과정 또는 그런 받아쓰기가 되어야 한다.

(2) 재인이 되는 받아쓰기

그래서 실력이 늘어난다는 의미는 재인이 되는 받아쓰기가 된다는 소리가 된다.

(3) 무의미하게 적기만 하는 받아쓰기는 안 된다

무의미하게 적기만 하는 받아쓰기는 안 된다. 즉 의미연관 또는 공부 연관이 되게 해야 한다. '그간은 좀 무의미한 소리를 위주로 했다'고 생각하시는 분은 반드시 공부의 방법을 바꿔야 한다.

4. 기존의 문장에 같이 가게 하기

꼭 원래 오리지널로 해당언어에서의 강한 문장들을 찾으려고만 하는 것은 무리이다. 물론 그렇게 해서 찾아지면 좋기는 하지만 그렇게 안 되는 경우도 많기에 말이다.

5. 자막 문제

일본어나 기타 외국어 학습 시에 동영상 활용을 하다보면 자막이 문제된다. 자막이 있는 것은 어떻게 하는가? 자막도 소중한 자원이니 말이다. 자막으로 나오는 것 중에서 아는 것은 그냥 가고, 모르는 것은 몰라서 못할 테니, 알 듯 말 듯 한 것들을 찾는 작업이 자막을 보는 작업이라고 생각하자.

6. 문장집에 나오는 문장들의 사후적 의미판단

1) 수학과 비교

수학은 자연연산으로 계속 뻗어 나간다. 그것처럼 우리도 그런 원리를 차용해서 뻗어나가게 한다. 그 문장들은 자신의 머릿속에 일종의 사고 고정화가 된 문장들이기 때문이다. 그래서 나름대로 지금의 문장을 통한 암기는 고정성이 있다. 마치 수학에서 뭐가 주어지면 뭐로 가듯이 하는 식의 요소가 있다는 것이다.

2) 머릿속의 반영

여기의 명제들은 늘 내 머릿속에 담겨져 있는 것이다. 예를 들어서 어떤 다작을 하는 작가가 있다고 쳐보자. 이런 명제들을 잔뜩 문장집에 적어놓은 것과 그 작가의 기존 저술들을 비교하면, 기존 저술도 다 시간이 지나면 까먹는다. 그러나 저것들은 반복성을 가지고 뇌에 입력이 된 것들이다. 그래서 오래 간다. 그래서 반복은 중요하고 그 반복은 자연스러운 생활 속의 반복이었다.

적어도 살면서 100번은 들은 것들 말이다. 그런데 그게 특이한 게 랜덤하게도 생각나는, 즉 바로 바로 의도적 생각도 있지만 머릿속에 어디에서인가를 장식하고 있다가 바로 튀어 나오는 것이다. 머릿속에 있는 예문을 뇌가 수시로 대화를 할 때 입에 명령해서 말하게 하는 구조이기 때문이다.

7. 공부 동기부여

1) 외국어 방송에 대한 생각

(1) 아직 전혀 무슨 말인지 모르겠네

'아직 전혀 무슨 말인지 모르겠네.'는 효율적으로 공부를 하지 않았으면 분명히 들 수가 있는 생각이다. 그래도 너무 안타깝게 생각 말고 더욱더 나아가도록 한다. 여기서 부터가 시작이라는 마음을 가지는 게 좋다.

(2) 아 외국어 방송이 들리는구나

'아 외국어 방송이 들리는구나.' 이런 순간이 오면 참으로 행복하다. 한국에 앉아서 해외를 다 보는 기분이니 말이다.

2) 자신의 단어장을 바라보는 생각

(1) 다 그냥 그게 그렇게 보인다

아직은 그게 완전히 자기 지식으로 되기 전 단계여서 그렇다.

(2) 어 이게 굴곡이 져 보이네

즉 요철로 보여야 한다. 즉 익숙한 것과 좀 많이 아닌 것, 그게 차별적으로 보이는 것이다.

쉬어가는 페이지 : 테니스로 일본어를 한다면

다음과 같은 예문들이 가능하다. 예문집에서 발췌한다.

공을 끝까지 봐야 한다. 선구안이 중요하다.
ボールを最後まで見なければならない。選球眼が重要である。
Bōruo saigomade minakereba naranai. Senkyūganga jūyōdearu.

발음상 '주요'같은 단어들을 챙길 수 있다.

무릎 보호를 위해서 피트니스에 가서 꼭 무릎운동을 합니다. 그게 의사들이 말하는 거의 유일한 예방책이라고 합니다.
膝の保護のためにフィットネスに行って必ず膝の運動をします。 それが医師たちが言う、ほぼ唯一な予防策だそうです。
Hizano hogono tameni fittonesuni itte kanarazu hizano undo-o shimasu. Sorega ishitachiga iu, hobo yuiitsuna yobō-sakuda so-desu.

Ⅷ. 실제 실천[2] 문장집과 문법 학습

VIII. 실제 실천[2] 문장집과 문법 학습

1. 문장집의 작성

1) 문장집의 성격규명

만들어 놓은 문장집이 가지는 의미를 알아보자.

(1) 자극제

공부의 자극제이기도 하고 인생살이의 자극제이기도 하다. 동기부여가 되는 자극제 비슷한 것을 하면 좋겠다.

(2) 인생의 교과서

살아온 인생의 정리의 의미를 가지기도 한다.

(3) 나만의 지문집

외국어는 예문과 지문으로 공부한다. 이것은 내가 스스로 만들고 나의 정신세계를 반영하는 것이다. 과거에 링컨 대통령의 연설을 인용해보면 '나의 나에 의한 나를 위한' 지문집 예문집이 된다.

(4) 반사적으로 나오는 내용들의 모음

우리의 언어생활을 잘 분석해보고 반성해보면 늘 하던 말을 한다. 또한 화두가 주어지면 워낙 익숙하니까 반사적으로 나온다. 그것을 이용하는 것이다.

2) 문장집, 예문집을 만들어 나가는 과정이 바로 실력양성 과정

문장들이 철저히 자기와의 관련성이 높은 것들이다. 그래서 '아 이 단어를 외워야 겠구나.' 하고 덤벼들면서 새로이 문장을 탐색하고 만들고 하는 과정들이 바로 탐색과정 모색과정이면서 자기 자신을 반추해 나가는 과정이기도 하다.

3) 예문집에서의 예문과 단어장에서의 단어의 결합

이런 과정을 굳이 비유하면 도킹이라고 할 수 있다. 우주 공간에서 우주선들끼리 도킹하듯이 말이다. 그러려면 워드프로세서의 Ctrl+F 즉 find 기능을 잘 활용할 필요가 있다. 그 필요한 단어를 품고 있는 예문을 찾아서 같이 결합을 시켜둔다. 우리의 뇌는 역시 이런 면에서도 한계가 있어서 자기가 무슨 예문을 거기에 집어넣어두었는지 다 기억을 하지 못한다.

4) 비유

(1) 반가운 마음

작업을 하다보면 반가운 마음이 들 때가 많이 있다. ① 어떤 단어의 암기여부가 문제가 되어서 봤더니 이미 내가 직접 연결 작업을 한 경우이다. ② 뭔가의 작업 아이디어가 나와서 정리가 되었는데 마침 그게 내가 암기가 필요한 단어로 지목이 된 경우이다. 이런 반가운 마음이 자꾸 자꾸 생길수록 어학의 실력이 늘어난다.

(2) 짝짓기

그런 의미에서 이런 과정은 짝짓기라고도 비유 표현이 될 수 있다.

(3) 확고한 서랍의 형성과 정리

또 하나 비유하자면 뇌 속에 확고한 서랍하나가 형성된 것이다.

2. 문장집, 예문집의 반복 활용

1) 결국 자기 단어장은 반드시 있어야 한다

정리가 되어야 한다. 그 정리는 이미 장기기억화가 된 것이다. 분명히 이태리 거지도 이태리 말을 잘한다는 점에 착안을 해야 한다.

2) 문장집의 반복 의미

내용은 아주 자세히 또는 대충은 알지만 문장집을 보면서 리마인드를 시킨다. 즉 출력해서 휴대하고 다니면서 자꾸 들여다보게 된다. 그러면 볼 때마다 새로운 창조적 생각이 나고 그것을 메모해서 내용을 지속적으로 증보시켜 나간다.

3) 작문의 문제

과거 같으면 내가 어떻게 작문을 해? 라고 했는데 지금은 구글 번역기가 있다. 구글 번역기도 진화해서 터무니없는 게 많이 줄었다. 그리고 혹 터무니없는 게 나오면, 그런 만큼 바로 눈에 보인다.

4) 자기단어장의 활용

예문집은 그렇다 치고, 자기 단어장은 어떻게 활용할 것인가? 다음의 여러 용도들로 활용이 가능하다.

읽으면서도 계속 그냥 무의식적으로 뜻과 단어만 볼게 아니라, 저것을 내가 '안다, 모른다.' 좀 더 세부적으로 들어가면 저 단어가 낭독이 되면 내가 '이해된다, 안 된다.' 이런 식으로 나눠서 차별적으로 접근하는 태도가 필요하다.

3. 문법은 어떻게 할까?

1) 들어가기

이 책에서 제시하는 것은 주로 단어 그리고 청크 그리고 읽기와 듣기 그리고 쓰기 말하기의 측면이 크다. 포괄해서 해당외국어의 모든 것을 다 다루기는 하지만 문법에 대해서는 여기서는 총론적으로만 살짝 이야기를 한다.

2) 문법은 언제 필요할지를 정확히 알자

여러분들이 해당 외국어가 안 되는 가장 중요한 원인을 문법에서만 놓고 보면 문법책을 보면서도 그것을 왜 자기가 봐야 하는지에 대해서 관념을 가지지 않고 보는 것이 그 원인이라고 할 수 있다.

사실 단어와 특히 청크까지만 잘 조합을 해도 대충은 소리로 된 대화나 방송을 알아듣고 글로 적힌 것도 대충 알아듣는다. 그런데 문법은 언제, 왜 필요한가? 바로 조합을 시킬 때는 문법적 원리가 반드시 필요하기 때문이다. 특히 '어순'이라고 불리는 부분은 바로 문법의 핵심인데 그런 것들을 알려면 문법책을 봐야 한다.

3) 체제집이라고 생각하자

그래서 문법을 문장을 구성하는 체제집이라는 사고를 가지고 보는 게 제일 좋다. 그래야만 좀 더 지루하지 않게 문법책을 본다. 심리가 어학을 공부함에 있어서 가장 중요한 요소라고 밝힌 이상 지루하지 않게 문법책 읽기를 받아들이려면 그것을 체제집이라고 보는 게 제일 중요하다.

4) 대명사가 중요하다

어떤 외국어를 배우더라도 대명사가 참 중요하다. 그것은 그 해당 외국어의 가장 중요한 소리나 글자적 특징을 보여주기 때문이다. 한자어 계통의 어학은 즉 일본어, 중국어, 우리나라말은 한자가 중심적 의미를 가지기에 그 한자의 음과 소리 그리고 뜻에 잘 유념하면 된다. 서양계 언어는 어근을 중심으로 해서 파악을 하면 된다. 그런데 대명사는 그런 것들이 없이 그 나라 본토에서 자라고 생성이 된 것이어서 각각의 특색을 보여주기에 정말로 외우는 수밖에는 없는 경우들이 많다.

IX. 단상

IX. 단상

1. 500개가 나의 뇌 또는 보조두뇌

그러한 문장 청크 단어의 500개가 나에게는 본 두뇌를 벗어나서의 보조 두뇌적 의미를 가진다. 그래서 마치 컴퓨터에서도 하드디스크 또는 외장하드 같은 기능이 되어서 저장위치가 꽤 의미가 있는 요소가 된다.

2. 그 해당상황에서 그 문장을 속으로라도 구현해볼 수 있다

만약에 테니스를 친다면야 테니스를 치면서 미리 만들어둔 해당 외국어의 문장을 속으로 곱씹으면서 할 수 있다. 그게 어학연습이 된다. 그러면 테니스도 치고 어학도 하는 셈이다.

3. 가청단어를 만들 때는 함수 관계를 생각하라

예를 들어서 자신이 어느 방송프로들을 녹화하거나 인터넷에서 다운받아서 본다고 하자. 그래서 거기에 나온 단어들에 나름의 주소 개념을 둬서 외운다고 하자. 안 하는 것보다는 낫겠지만 그게 장기기억으로 가기에는 좀 애매함이 있다. 물론 그 나온 대사들을 다 외운다면 모를까만 말이다.

4. 한글로 자주 듣다보면 뭔가의 깨달음이 나온다

한글로 자주 듣다보면 뭔가의 깨달음이 나온다. 무슨 깨달음인가? 해당고정지식에 대한 변화된 생각들이다. 그런데 그게 단순히 듣기만 해서는 안 되고, 처리를 해야 한다. 그것을 나의 가청단어로 만들기 위한 처리를 해야 한다.

5. 이런 지식이 장착된 상태의 정의

이 지식이 장착된 상태는 뭐라고 봐야 하는가? 일단 심적으로는 든든한 상태이고, 이제 웬만한 책을 (사전의 약간의 도움으로) 읽어낸다. 아주 간단한 단어 하나가 아니라 문장으로 나와서도 파악이 바로 되는 상태라고 정의내릴 수 있다.

6. 속담집의 각인의 정도는 어떤가?

속담집이 좋은 이유는 명심해야 하니까, 틀린 이야기가 아니니까, 나에게 또 마주칠 수 있는 이야기니까 우리 뇌가 담아두려고 한다. 그래서 그것은 나의 행동강령이 되고 또 그런 행동상황이 생길 수 있다. 또한 호흡이 짧아서 질리지 않고, 한글 해석이 바로 뒤에 있으니 좀 지루하지 않게 자신감이 있게 접근이 가능하다. 그래서 단문장 위주로 하자.

짧으니 나중에 복기할 때도 아이덴티티가 생겨서 좋다. 그러나 그런 것을 봐서도 속담집 자체가 중요한 게 아니라 어느 주제의식분야가 거기에 씌워져 있는지가 중요하다.

7. 리스닝을 잘 하려면 '단디' 챙기고 가야 한다

단디(경상도 방언으로 단단하게, 확실하게의 의미) 챙기는 법은 확실하게 들어서의 가청수준으로 만들어 두고 가기이다. 그런데 현명하게 공부하지 못하는 사람은 그것을 가청수준으로 만들지 않고 언젠가는 되겠지 하고 그냥 넘어간다. 그것을 가청수준으로 만드는 것은 엄청 효율이 높은 방법을 활용해서 확실하게 가는 것이 지름길이다. 즉 ① 언젠가는 되겠지 하고 막연하게 넘어가는 것도 문제인 방법내지는 태도이고, ② 효율적인 것을 쓰지 않는 것도 문제인 태도이다.

보통은 그 해당외국에 유학을 가거나 거기서 억지로 살다보면 일종에 강한 시험을 보게 되는 것이어서 ①로 가지 않고 가청수준을 만들어 버린다. 그런데 한국에서 그냥 취미 등으로 공부하게 되면 그렇게 못하게 된다.

8. 이제는 기승전00식으로 공부하는 것이다

단어를 가청수준으로 만들고 싶으면 자기 스스로 공부하면서 교두보로 설정한 해당항목에 대해서 연결할 말로 되게 영한식이 아니라 한영식으로 준비를 해두는 것이다.

9. 주도적 공부가 가능

적어도 외국어만큼은 누구에게 끌려 다니지 말자. 자신만의 주도적 공부를 해라.

10. 어학실력이 점점 늘어나는 것에 대한 비유

1) 들어가기

해당 외국어 실력이 늘어나는 것인지의 스스로의 셀프 체크가 중요한데, 그것을 아주 정량적으로 따지기는 힘들기에 스스로 늘어나는 것에 대한 정성적 자료가 중요하다.

2) 모자이크식 접근

모자이크식 접근은 그런 의미이다. 결국 어학실력은 총체적 해당 외국어실력의 단어를 위시한 망라적 총체이다. 그게 늘어나야 한다.

3) 교두보식 접근

교두보가 마련이 되면, 나머지 단어들의 암기에 그게 도와준다. 안 도와줄 이유가 없다. 여기서 교두보의 의미는 어떤 식으로든 실력자가 되기까지를 위한 중간의 의미로 본다.

11. 행동언어학

1) 의미

결국 인생은 문장이다. 이게 행동언어학의 가장 기본적인 생각이다.

2) 우리의 하루의 행동

우리의 하루 행동준칙, 직장 등의 특정장소에서의 행동준칙 이런 것들이 다 문장으로 구성되어 있다. 즉 수많이 우리 머릿속에서 구성이 가능한 문장 중에서 계속 우리가 행동을 한다. 그것은 다른 표현으로 '행동수칙' '행동준칙' '생활 수칙' '생활준칙'과 같이 표현이 된다. 예를 들어서 테니스를 친다고 해보자. 테니스에서도 결국에는 행동준칙이다. 나의 생활의 패턴이 그런 식으로 자리를 잡게 된다. 그 행동준칙을 잘 행하는 사람은 테니스 실력이 우수하게 된다. 다소 극단적으로 이야기를 하면, 그렇게 되면 결국 책도 많이 쓴 사람이 외국어도 완성하게 잘하게 되는가? 라는 식의 자문자답을 하게 된다.

12. 정형화 즉 프로토타입이 가능해야 한다

막 떠다니는 것을 고정시켜 줄 필요가 있다. 그게 어학의 지식을 정형화 즉 프로토타입이 가능하게 하는 것이다.

13. 나의 인생을 둘러싸는 문장들

내가 살면서 나를 변화시킨 문장들을 기억하는 것이다. 어차피 인생은 기억의 문제이니까 말이다.

14. 어차피 해야 할 광고라면 지금한다

1) 광고 문장

이런 광고 문장 있지 않은가? '어차피 할 광고라면 지금하라.' 이런 식 말이다.

2) 어차피 할 거라면

그 말처럼 어차피 해야 할 문장들이면 기억에 남는 문장으로 한다. 어차피 그것을 통해서 단어도 익히고 해야 하니까 말이다.

15. 재깍재깍 말하는 학생의 이미지

1) 의미

그런 이미지를 가진 사람들처럼 해야 한다. 그런 사람들이 그 해당시험을 붙으면 그런 재깍재깍 말하는 지식이 바로 자신의 먹거리가 된다. 그것처럼 재깍재깍 나오는 지식을 잘 만들어두어야 한다.

2) 다른 비유

또박또박, 따박따박 이런 말로 비유가 될 것이다. 이런 사람과 말싸움을 하거나 상사로서 일을 부릴 때 그런 식으로 말대꾸를 한다면 아주 짜증나겠지만 그게 아니라, 해당외국어 공부를 하는데 있어서 그 단어의 의미가 무엇인지, 그 청크의 의미가 무엇인지 퀴즈에서 하나하나 다 풀어서 만점을 받는 사람이라면 어학이 안 될 리가 없을 거다. 여러 독자분들도 현제 어학공부에서 그런 사람의 이미지를 만든다고 생각하고 어학을 접근하라. 반드시 소원성취를 할 수 있다.

16. 어학공부의 효율성

1) 의미

어학공부는 효율적으로 해야 한다. 즉 굉장히 유용하게 해야 한다. 그 유용성을 따짐에 있어서, 다음의 기준을 해야 한다.

2) 유용한 공부

① 시간이 갈수록 나아지는 공부
② 시간이 갈수록 가청단어와 청크가 늘어나는 공부

3) 유용하지 않은 공부

반대로 유용하지 않은 공부는 다음과 같다
① 시간이 갈수록 나아지는 것이 느껴지지 않는 공부
② 시간이 갈수록 가청단어와 청크가 늘어나는 것이 느껴지지 않는 공부

이런 공부를 하고 있다고 스스로 자가진단이 내려진다면 반성하고 당장 학습의 효율성에 대한 검토를 해보자. 그게 잘 스스로 안 되면 우리 연구진에게 연락 바란다.

17. 어학공부는 짝짓기

이렇게 해서 우리 연구진이 여러분들에게 제시하는 논리로 치면 어학공부는 짝짓기 공부이다. 즉 듣고 보아서 궁금증이 생기는 부분인 해당어학부분과 여러분들의 기억 속에 잔류 잔존하는 예문 부분, 굳이 말하면 마음속의 예문 부분을 짝을 지어주는 짝짓기 공부이다. 그래서 방송 등에서 어떤 단어를 만나면, 그 단어를 어디에 붙일지를 찾는다.

18. 결국 어학은 준비의 과목 또는 학문이다

지금 자신이 어학이 안 되면 정신력이나 성격 등이 문제가 아니라 준비가 안 되어 있는 것이다. 어학은 결국 준비의 학문이다.

19. 크게 소리 내서 읽기

1) 이것도 그런 취지를 같이 하는 시도이다

한영식 시도와 같은 그냥 수동적으로 읽고 받아들이는 시도와는 좀 더 차원이 크고 사람을 번거로이 만드는 시도이다.

2) 현지인은 그런 시도에 몸이 맡겨지는 셈이다

현지인은 자연스럽게 그런 시도에 자신의 몸이 자의반 타의반 던져지는 셈이다. 아니 거의 타의이다.

3) 필요조건 충분조건

이런 모든 것들을 고민했을 때, 필요조건 충분조건이 있다면 우리는 충분조건을 만들자고 하는 것이다. 넓은 조건이 되면 좁은 조건도 성립하기 때문이다. 그런 점에서 말할 줄 알아야 들을 수 있다는 말이 정말로 명답이다. 물론 말은 못해도 그것이 무엇인지는 대충은 들을 수 있는데 그 대충 때문에 정말로 필요한 회화 실력에 가까운 실력이 안 생기는 것이다. 그런데 우리는 말할 수 있는 실력을 기른다거나 아니면 아주 밀착된 상태를 만드는 시도를 하는 것이기에 외국어의 정복에 가까이 가는 것이다.

20. '그걸 외국어로 뭐라고 하지?'사고

우리 공부에 즉 외국어 공부에 도움이 되는 사고는 '그걸 해당외국어로 뭐라고 하지?' 사고이다. 영어공부를 빗대서 보면 '한영식 사고' 라고 할 수 있다. 그런 사고와의 역사고로 구성되어 있는 것이다.

21. 500개만 하라는 뜻의 의미만은 아니다

물론 우리 연구진의 말이 정말로 딱 500개만 하고 그것만 외우라는 뜻은 아니다. 그것의 소리도 익숙해지라는 뜻이 된다. 가능하면 청크까지도 말이다. 우리가 학습하려는 일본어도 그렇지만 특히 영어는 더욱더 청크에 익숙해야 한다. 이 말은 좋은 의미 나쁜 의미를 다 가지고 있다. 하다가 대충수가 될 수도 있다. 즉 딱 500개가 안될 수도 있다. 어차피 딱 500개가 되어야할 필요는 없기 때문이다. 결국 어떤 의미로는 500개의 문장 단어 또는 청크를 통해서 그 이상을 가라는 뜻이기도 하다

22. 십계명 등으로 공부와의 차이

1) 의미

기독교 십계명처럼 내가 많이 스스로를 독려한다. 효과가 없지는 않다. 그

러면서 입도 쓸 기회를 가진다. 십계명도 내게 더 와 닿는 게 있을 것이다. 좌우지간 그래서 종교인이 언어 외국어 습득에 유리하다.

2) 탈무드 식

그러나 너무 딱딱하고 고상하면 애착이 좀 덜 간다. 어떤 면에서의 애착은 허술한 게 더 가기도 한다.

3) 십계명은 너무 덩어리가 커서 문제인가?

십계명은 열 개다 되니까 말이다. 그래도 교회 다니는 사람들은 공부하기 좋은 측면이 있다.

23. 사고를 고정화 한다

사실 우리의 사고는 상당히 많이 고정화 되어 있다. 여기서의 사고 고정화란 무슨 의미를 가지는가? 완전 사고 고정화가 아니라, 적어도 외국어 공부할때만이라도 사고 고정화이다.

24. 어학공부와 다이어트

어학이나 다이어트나 다 거의 모든 사람들의 새해 첫 소망 중의 하나이고 또 한해가 마무리 될 때쯤 보면 제일 하지 못했던 것 아쉬운 것의 일순위이다. 그래서 공통점이 있다. 차이점을 찾으면 말 그대로 안 먹으면 쉬운 게 다이어트다. 그런데 그게 쉽지 않다.

어학공부를 경제적으로 하라. 그렇게 못하니까 문제가 있는 것이다. 쓸데없는 섭취를 줄이고 경제적으로 접근하라.

25. 남의 위에 서려는 사람일수록 더 자신을 낮춰야 한다.

1) 의미

정치를 한다든지 어느 조직에서 지도자가 되려는 사람일수록 늘 자신을 낮출 줄 알아야 한다. 우리 연구진이 아는 어떤 정치인 후보는 늘 선거에서 낙선이다. 스펙도 좋고 자질도 나쁘지 않은데 왜 그럴까 하고 우리 연구진은 늘 의문을 가지고 보는데 잘 보면 이유는 나온다. 그 분은 몇 년을 만나도 그대로다. '늘 세상은 썩어 있고 자신보다 못한 사람들이 늘 편법을 동원해서 당선이 되고 그래서 자신을 세상이 몰라준다.'는 식이다. 늘 그랬다. 그러면 그것을 사람들은 모를까? 자신을 낮추지 않는 사람이 나중에 높은 곳에 올라가면 더 자신을 낮출까? 당연히 그러지는 않을 것이다. 그러기에 그 분은 뽑히지 못하는 것이다.

2) 자신을 돌아보라 무엇을 하던지 간에

문제가 없는 사람은 한명도 없다. 그러기에 자신에게 문제가 있다면 늘 그것은 결국 자기 안에서 문제가 나올 가능성이 가장 높다. 그러니 늘 자신을 돌아보라. 그게 답이다.

26. 수술하는 마음으로 어학을 공부한다.

1) 의미

의사들, 특히 종합병원 의사들은 암수술 등의 칼을 가지고 해야 하는 수술이 많아서 스스로들을 칼잡이라고 표현한다고 한다. 그런 마음으로 우리도 어학을 공부한다. 내가 공부해야 할 대상을 해체해서 스스로 이해를 하고 자기 것으로 만들어야 하는 것으로 생각하고 접근한다.

2) 평범한 이들에게는 고깃덩어리 그러나 의사들에게는

어학의 성질은 맥을 잡고 가면 대상의 본질이 보이고 즐거운데 그 맥과 관점을 잡지 못하면 해매고 재미도 없고 갑갑하다는 점이다. 그러니 노련한 칼잡이 의사에게는 수술대상이 하나의 매개물로 보이고 처치 대상으로 보이지만, 평범한 이들 즉 관점을 못 세우고 교육도 안 된 사람에게는 그것은 한낱 고깃덩어리에 불과하다.

3) 교통정리에도 비유가 된다.

어학은 참으로 난해하고 복잡하다. 그래서 그것을 풀어서 분해하고 자기 실력으로 만드는 것을 칼잡이에 비유했는데, 이것은 다르게 교통정리, 그것도 우리 뇌 속의 교통정리라는 표현으로 나타내어 볼 수도 있다.

27. 명화에도 지루한 장면이 있다

명화에도 지루한 장면이 있고 명곡에도 클라이맥스를 이끌기 위한 도입부가 있다. 그러니 아무리 명곡 전체가 좋아서 그것을 해당외국어의 공부대상으로 한다고 해도 그것을 통째로 학습한다기보다는 그 중에서 다소 자기가 정말로 끌리는 부분 위주로 다이제스트로 하는 게 훨씬 더 활용법을 높이는 효율적인 방법이다.

28. 속담집을 다 읽어낸다는 것이 가지는 의미

1) 의미

속담집 이것 정도를 읽어낼 사람이면 멋지기는 한데, 사실 그것만으로는 게이지가 되지 않는다. 목표도 되지 않고 정체성이 되지는 않는다. 특히 음성이 안 되는 측면 때문에 말이다. 그래서 음성도 보강하는 500개가 되어야 한다. 즉 들어야 하는데 말이다. 그런데 듣기 전에 철저한 이해가 필수이다.

그래도 음성이 안 되면 안 되는대로 내가 독촉을 한다. 즉 그래도 거기서 빤한 것은 500개에 넣지는 않는다. 읽어낸다고 해서 다 완전 내 것의 어학 실력으로 가지는 않는다. 그래서 어찌 보면 아주 대단한 능력이나 자산이라고 보지 못하는 측면도 있다.

3) 속담집에 있다고 해서 다 내 지적재산이 아니다

저 속담집에 저렇게 많은 속담이 있는데 그게 다 내 것으로 되지는 않는다. 그냥 보고서 '아, 이거 내가 아는 속담이야. 본 속담이야.'라고 할 때에는 그 속담집에 나오는 모든 속담이 어느 정도는 알지만 지금 우리는 재인수준의 것이 필요하기에 (왜 재인수준이 필요한가? 강력한 효과 또는 나의 뇌와 그 해당 외국어 사이에 강력하게 가까운 거리를 만들기 위해서는 재인수준이 필요하다.) 그 중에서 내가 더 의미가 있는 것이라든지 하는 것에 집중을 하게 된다.

29. 우리나라는 커질수록 외국어의 위상이 높아진다.

미국은 세계 제일의 위상국가이다 보니, 국민들 중의 상당수가 해외 외국어를 배우는 데에 관심이 별로 없다고 한다. 굳이 애쓰지 않고 그렇게 해도 먹고 산다는 의미라고 볼 수 있다. 그런데 우리는 어차피 자원빈국, 무역위주 조그마한 반도국 이런 위상이기에 더욱더 나라의 위상이 커질수록 외국어를 써먹어야하고 그들과 맞잡고 갈 기회가 많이 생기는 나라임을 유념해야 한다.

30. 예문을 많이 본다고 외워지거나 실력이 느는 게 아니다

제시된 예문을 그냥 많이 본다고 외워지거나 실력이 느는 게 아니다. 이는 일반적 단어장, 일반적 예문씩 방법에 대한 이야기이다. 이런 식의 정리 되서 주는 것은 그냥 말 그대로 주기만 할뿐이지 그 암기의 근원이 부족하다.

31. 지식은 조합에 생명이 있다

지식은 그냥은 의미가 떨어진다. 자꾸 자꾸 연결이 되어서 흔한 표현으로 북경 나비의 한 번의 날갯짓이 전 서구 세계를 충격에 빠뜨리듯이 그렇게 연결이 되는 것이 지식의 본질이 된다.

32. 암기 대상의 길이도 양면성을 가지고 있다

암기 대상의 길이는 분명히 뭔가의 의미를 가지고 있는 요소이다. 너무 짧은 것보다 상당히 길면 좀 더 정체성이 있어서 외우기 쉽게 되는 부분이 있다. 그렇다고 너무 길면 정체성이 희석이 되고 대상이 부담스러워 진다. 그런 양면성이 있다.

33. 어학실력이 향상되면 생기는 변화

1) 점점 더 작문을 해보고 싶어 한다

입이 근질거린다는 말이 있다. 그래서 어학실력이 늘수록 점점 더 작문을 해보고 싶어 한다. 처음에는 해당 외국어로 한국말을 옮기려는 게 부담스럽다. 그러나 실력이 쌓일수록 뇌와 입이 근질거린다. 이럴 때 실천에 옮기면 어학실력이 팍팍 늘어난다. 즉 일상어나 일상표현, 눈에 마주치는 것들에 대해서 자꾸 변화를 해보고 싶어하게 되는 것이다.

2) 정서의 이해

해당 어학이 늘면 늘수록 그 해당 국가의 사람들에 대한 이해가 높아진다. 과거에는 '도대체 쟤들은 뭐지? 난해하네' 하던 대상들이 좀 더 이해되면서 내게로 다가오게 된다. 십년 묵은 체증이 없어지는 기분이 든다.

X. Q&A

X. Q&A

1. 수험에도 맞는가요?

Q. 이 방법이 분명히 일반 어학 학습에는 맞아 보이는데요. 수험에도 잘 맞는지요?

A. 네. 수험도 결국에는 빠른 친숙 화와 시험에서 써먹을 수 있을 만큼의 수준을 만드는 문제로 귀결이 된다고 봐야 합니다. 그러기에는 이 방법이 가장 빠릅니다.

2. 외국어 학습의 이정표

Q. 어찌 보면 저의 질문이 허망한 거 내지는 별거 없는 거 같기도 한데요. 제가 어떻게 공부를 해야 할지 특히 해당외국어를 어떻게 공부해야 할지에 대해서 확실한 이정표가 될듯합니다.

A. 그게 사실 그렇습니다. 우리가 이정표 없이 하는 일은 참으로 허망하고 지루하기 그지없습니다. 자신의 입장과 위치를 정확히 알고 접근하는 게 필요합니다.

3. 기존 유사 교재와의 차이

Q. 물론 완전히 다른 거 같지만 그래도 '기존에 유형500개로 정복하라.' '예문 500개만 알자.' 이런 식의 방법이 있지 않았습니까? 그런 방법과는 무엇이 다르다고 봐야 할지요?

A. 네. '기존의 문장 1000 그런 책도 있잖아? 이미 많잖아.'라는 생각과 질문을 많이 던지시는 듯합니다. 그런데 그런 것들은 이런 단점을 갖고 있습니다. ①그게 잘 안 외워진다고 보셔야 합니다. 결국 어학도 암기과목입니다.

4. 필수동사 200개 모으기

Q. 저도 개인적으로 여러 가시 동기로 필수동사 200개 모으기 등을 해본 적이 있는데요. 그것도 그렇게 나쁘지는 않았습니다. 그런데 우리 방법과 무슨 차이가 있을까요?

A. 네. 당연히 범위를 한정하고 모으면 좋은 방법이 될 수 있는데 문제는 그렇게 모아만 놓는다고 다 전부가 외워지지는 않는다는 사실입니다. 그러기에 우리는 더 외워지기에 더 중점을 둡니다.

5. 교포들의 생존외국어

Q. 해당지역에서 사는 외국교포들이 이주 가자마자는 아니래도 외국어를 곧잘 하는 이유는 무엇인지요?

A. 그들은 시험을 치룬 셈이기 때문입니다. 즉 가서 거기의 현지인들을 대상으로 장사를 하거나 물건을 떼 오거나 서비스를 해야 합니다. 생존을 위해서래도 뭔가를 입을 열고 말이 터야 하는 시험을 치르는 셈이 되겠지요. 그런데 우리가 집에서 내지는 스스로 공부함은 그런 정도의 터프함은 아닙니다. 분명히 그런 차이가 존재하겠지요.

6. 단어의 실력

Q. 500개의 게이지가 올라가기도 하고 내려가기도 하나요?

A. '게이지가 올라가고 내려감이 무슨 의미를 가지기에 말인가?'라는 의문의식에서 그런 식의 질문은 충분히 가능하리라고 봅니다. '내 스스로 판단이 가능한가?'라는 것을 상당히 중요한 규준자 즉 바로미터로 놓고 봐야 할 듯합니다. '이 말은 들어도 내가 안다, 모른다.'의 기준을 스스로 세워서 스스로의 감으로 가지고 가야 합니다. 스스로의 판단 게이지의 제시가 되어야 하고, 그래도 장기기억으로 가면 그 게이지는 상당히 유지된다는 점도 명심하시기 바랍니다.

7. 너무 잘 아는 것

Q. 지금부터 500개 개념이라고 시작을 함에 있어서 이미 너무나도 잘 아는 것은 빼고 가도 될까요?

A. 그것을 빼고 500개념을 해도 전혀 무리가 되지 않는다고 보시면 됩니다. 사람마다는 다를 수는 있지요. 다만 나는 남들을 위해서 여러 가지 버전을 만들어 준다. 그러면 약간 중복은 되면서 좀 다양한 것들이 만들어 진다고 보시면 됩니다.

8. 500개 습득의 변화

Q. 그런 그 500개는 확실히 변하는지, 관찰하신 바가 있다면 그 변하는 모습이나, 습득되어지는 모습의 변화를 좀 알려주십시오.

A. 효험 적으로 말씀을 드리고 가보지요. 그전에는 방송이나 유튜브를 봐도 맹숭맹숭 내지는 '저건 그냥 다 소리다.' 라고 생각한 것들이 분절로 해서 들리게 됩니다. 즉 변하는 것의 모습이 처음에는 멋도 모르다가 점점 앎의 영역으로 변하게 됩니다.

9. 영어에서는 청크

Q. 우리가 영어에서 트라우마가 있는 부분이 있을 수 있지 않은가 하는 생각이 듭니다. 청크 부족이 아닐까 해서요. 즉 낱낱의 단어는 좀 많이 아는데 말입니다.

A. 들어도 별로 그게 자기 것이 안 되는 부분은 아마도 청크의 부족이 될 수도 있다고 봐야 합니다. 즉 분절적 단어는 많이 아는데 좀 자신의 무기 수준까지로 간, 즉 딱 들어서 거침없이 뜻이 나오는 청크가 많아져야 영어의 실력이 팍팍 늘어날 수 있습니다. 워낙 영어는 우리가 아는 단어와 그 단어나 청크의 포착이 다른 것이라서 그렇다고 보시는 것이 좋습니다.

그것도 '청크 학습을 하자. 단어 위주가 아니라 청크 위주가 되어야 한다.' 고 느끼는 분들은 바로 학습으로 들어가야 합니다. 물론 그때는 나레이팅이 중요할 듯합니다. 직접 외국인보고 읽으라고 하던지 내가 발음 규칙에 따라서 내가 읽어보던지 하면 된다고 봅니다.

영어를 기준으로 하면 절대로 별개의 한단어로는 의미가 적습니다. 영어는 워낙 연음이 지독하게 나니까 말입니다. 우리가 학습하고자하는 일본어 또는 이태리어나 스페인어는 그런 게 적은데 말입니다. 그래서 특히 영어는 청크가 중요합니다.

10. 단어 접착제

Q. 이 책에서 나오는 이야기들이 마치 단어 접착제를 부여한 것 같네요.

A. 네. 맞습니다. 그 표현도 좋네요. 특히 문장이 되니까 더 끈끈한 힘이 작용을 하는 것 같다는 생각이 좋을듯합니다. 단어 하나 등으로는 연결적 연상에 문제가 있는 데 말이지요. 물론 너무 길어도 문제이지만 말입니다.

11. 진보가 없는 뺑뺑이

Q. 진보가 없는 뺑뺑이는 무의미하지요? 그런 점을 보고 싶습니다.

A. 뺑뺑이법(무한 루프법)은 왜 했는가? 를 생각해 봐야 합니다. 진보가 있어야 한다는 것을 늘 명심하십시오. 과거에 유명한 공부쟁이들은 하나의 외국어를 배우는데 그렇게까지는 시간이 많이 걸리지 않았다고 합니다. 그 진보를 보여주는 게 이 학습법이라고 생각하셔야합니다. 그래서 그것을 좀 더 발전시키자고 보시면 됩니다.

12. 속담집 사 보기

Q. 보기는 되게 열심히 보고 있거든요. 지금 제가 프랑스어를 하는 것, 속담집을 읽는 것을 보면 샤워하듯이 하는 것이라는 생각이 듭니다.

A. 비유적 표현으로 생각하시면 됩니다. 그런데 그냥 샤워만 하면 절대로 가청단어수준까지 확실하게는 안 간다고 보셔야 합니다. 확실히 가청을 위한 노력을 해야 합니다. 그래서 듣기, 안 들리는 것 연결하기를 계속해야

합니다. 맨땅에 소리만으로 나와야 가청수준이 되는데 그러려면 그런 노력들이 필요합니다.

13. 받아쓰기적 요소 도입

Q. 저는 과거로부터 여러 영향으로 받아쓰기가 아주 좋다고 말씀을 많이 들었는데요.

A. 받아쓰기적 요소란 즉 받아쓰기의 정신이란 철저한 확인과 파악입니다.

14. 메꾸는 식의 공부

Q. 이 방법이 아주 좋은데 비유적으로 생각해보면, 이게 메꾸는 식의 공부라고 봅니다.

A. 네. 그것도 좋은 생각입니다. 간척사업을 하듯이 뇌의 간척사업이겠지요. 아니면 누더기를 깁듯이 말입니다. 원래 누더기라는 말은 다소 부정적 표현인데 여기서는 꼭 그렇게만 볼일도 아닙니다. 공부로서 어학은 메꾸는 식의 공부가 되는 게 정상입니다. 즉 그래서 메꿔져야 정상이고 제대로 하는 게 됩니다. 점점 안 메꿔지면 그것은 자신의 문제라고 보면 됩니다.

15. 속담집 눈이 가는 부분

Q. 속담집 읽을 때에 어디에 주로 눈이 가는지요? 그것을 알아야 좀 더 효율적으로 공부를 할 수 있어 보입니다.

A. 일단 기본적으로 사람인 이상 다음과 같은 이런 것들에 눈이 간다고 보시면 됩니다. '우리랑 비슷한 속담에 눈이 간다.' '내가 써먹을 것에 눈이 간다.' '관찰력이 대단한 속담에 눈이 간다.' 그런 식으로 생각하시면 됩니다. 그 다음으로는 눈이 가는 것은 자연스러움에 맡겨두십시오. 우리의 주관선호 이론에 따르면 자기가 마음이 끌리고 속된 말로 '꼴리는' 것은 정해져 있기 때문입니다.

16. 속담집을 읽어나가는 방법

Q. 속담집을 어떻게 읽어 나갈까요?

A. 읽어나가는 방법을 예시로 제시해보면 일단 장기로 남길 것인가 말 것인가의 관점에서 읽어나간다고 보시면 됩니다. 특히 단어가 안 되는 것은 가급적 반드시 정리해서 읽어나가야 합니다. 결국 자기 노트가 중요합니다.

17. 외국어 노래 가청

Q. 외국어 노래가 들리지 않음에 대해서 좀 자기 환멸이 심했는데요. '한국노래도 자세히 듣지 않으면 잘 안 들린다.' 즉 이 말을 좀 비유적으로 말하면 '방해꾼이 많다'고 표현이 될듯합니다. 즉 방해가 되는 소리가 많다는 것입니다.

A. 이 말이 가져오는 의미를 좀 더 확대를 해보면, '외국 노래 잘 들리지 않는 것에 대해서 스트레스를 받지 말라.' 그것은 한국노래에서처럼 따라 듣고 따라 부르기 위해서는 준비가 필요하다는 것입니다.

18. 일단 만들어 두기

Q. 일단 만들어 두는 게 나은지요? 하다 보니 너무 완벽해지려고 하는 것보다는 낫지 않을까요?

A. 하면서 조금씩 고쳐나가는 것이 좋습니다. 시작이 반이라고 하지 않습니까? 일단 만들어서 붙여놔야 뭐래도 됩니다. 그래야 변형의 가능성도 있다고 보셔야 합니다. 일단 마구 만들고 싶은데, 그렇게 마구 만들지 못하는 이유는 이것도 창조물이기에 나의 생각의 한계에 해당한다고나 할까요. 일단 만들어두고 말 그대로 '오며가며 보게' 됩니다. 그러다가 문제가 있는 부분은 수정을 하면 됩니다. 우리가 늘 염두에 둬야 할 것은 확장성입니다. 하다가 좀 더 내용이 확장이 되면서 우리가 필요한 내용을 포섭하도록 하면 됩니다. 그리고 좋은 점은 일단 만들어서 양을 좀 확보하면 그러면 그때부터 좀 더 뭔가 됩니다.

19. 개수 번호의 필요성

Q. 개수에만 신경 쓰면 되지 딱히 번호를 신경 쓸 필요는 없지요?

A. 네. 그렇습니다. 칼같이 개수를 보자는 게 아니니까 말입니다.

20. 자투리 시간 활용

Q. 자투리 시간 활용은 어학이 최고 아닌가요?

A. 맞습니다. 그래서 어학은 보람되고 매력 있고 삶의 활기를 줍니다.

21. 자투리 시간의 활용 방법

Q. 짧은 자투리 시간 (예를 들어서 엘리베이터 기다리는 시간) 등에서 활용하기에는 어학책이 최고라는 점은 이해가 되는데요. 좀 구체적으로 부탁을 드리면요?

A. 속담 사전 같은 게 있으면 아주 딱 좋고요. 그게 안 되면 자기가 좀 만들어 보세요. 뭐, 구글을 통해서 말이지요. 전래 동화는 너무 호흡이 길고 특정성 어드레스나 마음에 심어두려는 정도가 약해서 문제인 점이 있습니다. 오히려 내가 만드는 사전 같은 거 만들면 도움이 될듯하다고 봅니다. 유용성은 높으니까 말이지요. 그게 자신의 시간관리 측면이라고 할 수 있겠지요.

22. 번역기 영어발음

Q. 번역기를 돌리다보면 영어로 발음이 나오는 경우가 있는데 어떻게 할까요? 발음은 한글이나 발음기호를 활용하라고 하셔서요.

A. 네. 우리가 한글을 활용하자는 것은 좀 더 쉽게 거기에 접근하자는 것이지 굳이 한글로만 하자는 것이 아니기에 번역기 발음도 충분히 활용을 하시기 바랍니다.

23. 책 저술도 가능

Q. 이러면서 제가 책 저술도 할 수 있을 듯합니다. 도움을 부탁드립니다.

A. 네. 저희 회사에서 출간도 해드릴 수 있으니 열심히 만들어보세요. 팔린 만큼의 인세도 드립니다. 자신감을 가지시기 바랍니다. 이 책의 모토 파트에서의 상대적 지식론을 참조로 하시구요. 자신이 보기에는 미약한 지식이지만 그 일을 하려는 그 공부를 하려는 시간적 후배들은 그게 또 큰 자산일수 있습니다.

24. 외국어의 생활화

Q. 이 방법은 외국어의 생활화 같은 생각도 드네요.

A. 네. 아주 좋은 표현입니다. 이왕에 하는 생활에서 우리가 해당 외국어데 대해서 관심이 있고 해나가야 할 목표가 있다면 그렇게 해나가는 게 좋습니다.

25. 무엇을 모르는지가 참 앎의 영역

Q. 이 이론이 마음에 드는 부분이 무엇을 모르는지를 정확하게 알게 해주는 부분이 크다고 봅니다. 개인적인 생각입니다. 그래서 '아, 이렇게 해서 내가 어학이 안 되었구나.'하는 느끼게 해주는 부분이 크다고 생각합니다. 이런 것들이 안 되니 어학이 안 되는 게 당연했겠지요. 그것을 느끼게 해줍니다.

A. 맞습니다. 무엇인지를 알게 하는 영역이 중요하다고 봅니다. 우리나라에 무수한 어학서적들이 있어도 정말로 어학을 어떻게 해야 더 효율적이고 더 빠르게 잘하는지에 대한 가르침의 것들은 부족합니다.

26. 기존과 다른 접근

Q. 학자분들은 왜 이런 접근을 하지 않으실까요? 상대적으로래도 말입니다.

A. 학자분들 중에서도 우리 연구진처럼 비교 언어로 접근을 하는 사람이 많지 않아서인듯합니다. 본인들께서 전공하시는 세부언어에 대해서는 많은 조예를 당연히 가지고 계실 것이고요. 그리고 이것을 다소 수험적으로 접근하는 것도 시간을 절약하고 노력의 보상을 받기 위한 키라고 봅니다. 그래서 저희가 하는 것이 다소 좀 더 낫다는 것으로 보시면 될듯합니다.

27. 단어실력이 늘수록 괴롭다

Q. 단어실력이 늘수록 비슷한 게 많아져서 괴로운 것 같습니다.

A. 네. 결국 그게 외국어실력의 정점, 외국어 학습의 꼭대기인거 같습니다. 그게 외국인과 맞상대 할 때는 그런 것들은 나름 용인해주니까 좀 너그럽게 생각할 수도 있는 문제이구요. 외국어 공부의 숙명중의 하나라고 생각하시면 됩니다. 결국 이게 헷갈림 때문에 문제가 된다고 보시면 됩니다.

28. 나의 세상에 언어를 끼워 맞추는 것

Q. 이 방법은 아주 효율적이고요. 나의 세상에 언어를 끼워 맞추는 것 같은 느낌이 듭니다. 나쁜 뜻으로 드리는 말씀이 아닙니다. 그래서 효율적이라는 의미입니다.

A. 아주 적절한 표현입니다. 결국 그 나라 해당언어는 거지도 하는 것이고 그렇다면 그 언어는 각자의 스타일대로 향유하고 사는 셈입니다.

29. 공부의 순서

Q. 공부의 순서가 단어에서 문법으로 갈까요? 아니면 문법에서 단어로 갈까요? 좀 헷갈립니다.

A. 굳이 순서를 말하자면 '단어에서 문법으로 그리고 다시 단어로' 라고 정의는 내릴 수 있을 것으로 보입니다.

30. 단어 채택 조건

Q. 단어가 채택이 되는 엄선의 조건이 있을까요? 없을 것 같아 보이는데 확인적으로 여쭤봅니다.

A. 네. 단어엄선의 조건은 따로 없습니다. 일단 자신이 스스로의 판단에 의해서 자신이 다소 약한 단어라면 무조건 채택의 조건에 들어간다고 보시면 됩니다.

31. 결국 표현 외국어

Q. 결국에는 이 방법이 표현 외국어라는 식으로 이름도 붙여서 해도 될 정도의 것이라고 보입니다.

A. 네. 맞습니다. 표현을 해야 해당 외국어가 커집니다. 처음에는 다소 단련이 되지 않고 마구잡이래도 표현이 되면 상관이 없습니다. 어쩔 수 없다면야 말입니다. 그러면서 자꾸 세련되어지고 어학실력이 커집니다.

32. 500의 범주와 나의 생활

Q. 500의 범주에 나의 생활을 다 묶어버리자는 사고는 이상한 사고일까요? 아니면 나름 의미가 있는 사고일까요?

A. 일리가 있는 사고입니다. 정말로 묶을 수는 없지만 그렇게 함으로서 외국어가 정복은 되겠지요. 필요한 사고입니다.

33. 각 준칙 사이의 거리

Q. 각 준칙이나 이런 것들 사이의 것의 거리가 다 똑같은가요?

A. 당연히 같지 않습니다. 바로 애착 때문이지요. 그 거리를 따져보는 이유는 바로 자신의 애착도에 더 합당한 것을 공부소재로 하라는 것입니다.

34. 단어 문장의 중복

Q. 하나의 단어가 여러 문장에서 중복이 될 때는 어떻게 할까요?

A. 네. 당연히 괜찮은 겁니다. 아직은 숙지도가 크게 생기지 않다보니 여기저기 문장에서 부름을 받은 것이라고 생각하시면 될듯합니다.

35. 예문집은 갈수록 내 것

Q. 예문집을 해서 만들어서 공부를 해보니 처음에는 좀 어색하고 이게 적용이 될까 했는데 점점 익숙해지고 나의 공부영역으로 예문들이 들어오는 느낌이 들더라고요. 이게 아주 정상적인 거 맞지요?

A. 네. 맞습니다. 그게 정상입니다. 처음에는 좀 거리가 있다고 느껴질 수도 있지만 점점 할수록 이렇게 해서 외운다는 확신이 들지요.

36. 건망증

Q. 나이가 들면 건망증이 생긴다고들 하지 않습니까? 그런 부분은 어떻게 보면 될까요?

A. 네. 건망증은 기억내용과다의 측면으로도 볼 수 있을 것입니다. 그러기에 그럴수록 즉 나이가 들수록 기억의 조직화가 중요합니다. 그렇게 해두지 않으면 지금까지 살면서 누적되어온 그 지식들이 어찌 다 기억이 나겠습니까? 조직화라고 생각하십시오.

37. 외울 대상 단어의 선정

Q. 외우려고 마음을 먹는 단어 선정의 판단 기준에 대해서 알려주십시오.

A. 정해진 것은 당연히 없지만 그래도 다음의 말이 기준이 될 것입니다. '이런 단어는 실제 생활에 자주 등장하니 무조건 외워야 해' 라고 하는 것은 외운다는 심정이 필요합니다.

38. 돌덩이를 금덩이로 만드는 방법

Q. 이 방법은 생활 속에서 그리고 자기 자신에게 제일 가까운 것을 통해서 어학을 늘리고자 하는 것이니 마치 비유적으로 돌덩이를 금덩이로 만드는 방법 같아 보입니다. 맞지요? 어떠신지요?

A. 네. 비유가 아주 재미있습니다. 타당한 표현으로 느껴집니다. 그래서 인생이나 공부나 아 다르고, 어 다른 것이기에 어떻게 보고 어떻게 접근하는가의 문제가 굉장히 중요합니다.

39. 독학으로 언어 정복이 가능할까?

Q. 그러면 이 방법으로 하면 독학으로 외국어 정복이 가능한지요? 저는 외국어는 꼭 학원 등을 다녀야 하는 거 아닌가 하는 생각을 가지고 있어서 말이지요.

A. 네. 그렇습니다. 가능합니다. 그러자고 이 방법을 만든 것이 우리 연구진의 뜻이기도 합니다.

XI. 모토

XI. 모토

이 공부를 함에 있어서 아래와 같은 사항을 모토로 삼고 공부하라. 그러면 반드시 해당 외국어가 늘어난다.

1. 미군부대 야한소설원리

1) 의미

연구진의 아는 사람의 이야기이다. 과거에 여러 가지 성인물을 접할 기회가 거의 없던 시절, 즉 요즘과 같은 인터넷 성인물이 홍수를 이루기 전의 시절의 이야기이다.

미군부대에 잘 드나들던 자신에게 형이 야한 책을 부탁을 해서 몇 권 가져다주었단다. 그런데 그 형이 바라던 것은 사진이 가득한 성인물이었는데 아쉽게도 소설이 전부였단다. 그러면서 "형, 실제 미군들은 이런 것들을 더 좋아한데." 라고 말을 건넸지만, 형이 많이 아쉬워하더란다. "난 영어도 약한데." 그런데 사건은 그 다음 날 일어났다.

2) 시사점

그 동생이 형을 깨우려고 방에 가봤더니 형은 동생이 준 그 많은 소설들을 놓고선 옆에 영어 사전을 두고 한 단어 한 단어 봐가면서 공부한 흔적이 있더란다. 엄청난 양의 메모와 함께 말이다. 이처럼 공부는 호기심이 있어야 한다. 그리고 그 호기심은 그냥 생기는 게 아니라 잘 생기도록 우리가 옆에서 머리를 많이 써야 한다. 그러면 그 어렵다는 영단어 암기도 쉽게 될 수가 있다.

2. 상대적 지식론

작문을 하면서는 '내가 이렇게 전문가가 만든 문장이 아니라 구글을 통해서 어설프게 문장을 만들어서 하는 게 맞는가?' 라는 반문을 스스로 하게 된다. 그에 대한 심리적 지지이론중의 하나가 상대적 지식론이다.

1) 누구나 스승이 된다

"제가 일본은 겨우 한번 다녀왔는데요. 그런데 제가 글도 쓰고 책도 낼 수 있을까요?" 라고들 많이 물어본다. 당연히 가능하다. 물론 일본을 백번도 더 많이 다녀온 사람도 있고, 그런 사람이 일본에 대한 정보를 더 많이 가지고 있겠지만, 일본을 한 번도 안다녀온 사람이 있다면 그 한번 다녀온 사람은 동경의 대상이고 지식의 스승이다. 그런 점에서 경험이 적어도 상대적 지식론에 의해서 저술과 책출간이 가능하다. '왕초보의 일본 여행기'같은 것이 의미가 있지 않겠는가? 중요한 것은 노력이고 관찰력이고 기록이 중요하다.

2) 중국에도 상대적 지식론으로 버티자

늘 중국이 우리를 따라온다고 겁을 우리는 먹고 있다. 현실이고 무섭다. 다만 우리는 늘 상대적 지식론으로 버티자. 우리는 어차피 인구수에서 밀린다. 그러면 '우리는 너희보다 늘 6개월이라도 앞선다.' 이런 마인드로 버티고 저항하자. 물론 이런 말을 하면서도 아주 유쾌하지는 않지만 대안이 없는데 어떻게 하겠는가?

3) 투자 관련해서도

웹툰을 그리는 입장에서도 '저는 투자를 모르는데요.'하고 두 손 뒷짐 지고 있을게 아니라, 노력을 해야 한다. 단 그 노력의 요구하는 깊이가 깊지 않다. 그냥 사람들에게 조금이라도 정보를 줄 정도만 되면 된다. 그 뒷단은 거기서 자극받은 구독자가 자신이 알아서 공부를 하면 되기 때문이다. 아니면 웹투너 자신이 마음이 동하면 그때 가서 공부를 해서 자신도 유식해 지고 구독자들에게도 도움이 되는 일거양득의 효과이다.

4) 연애 상담에서도

고등학교에 다니는 여학생이 전문가들보다 또래 어린애들 상담에 더 나을수도 있다는 마음이 든다.

5) 음식이 맛있다, 맛없다 의 차이 기준

거의 대부분의 현상은 상대적이다. 그래서 음식점을 가도 물론 아주 누구나 먹어도 끝내주게 맛있는 곳이 있을 수 있지만 아주 끝내주는 곳도 “난 별로인데.”하는 사람은 꼭 있다. 또한 평범한 음식점을 가면 맛있다, 없다 의 호불호도 갈린다. 그래서 인생은 참으로 상대적이고 주관적이다.

3. 여름에도 집합 겨울에도 집합

1) 확실한 방법이 필요하다

확실한 방법으로 하지 않으면 늘 갈등만 하다가 시간이 간다. 아마도 예전에 본 학습지와 참고서 광고로 기억하는데 그 CF에서는 그러한 중심을 잡지 못하는 아이는 여름에도 집합 겨울에도 집합만 공부하는 아이로 묘사가 된다. 그러나 자신들의 참고서를 보면 진도가 쑥쑥 나간다는 의미로 제시를 한다.

2) 분명한 진척이 있어야 한다

그냥 앉아만 있고 그냥 책장만 넘긴다고 해서 공부가 아니다. 사실 대한민국의 모든 학생 모든 수험생들은 아주 불량학생이 아닌 한은 다 책상에 앉아서 공부를 한다. 그런데도 누구는 합격하고 누구는 떨어지고 누구는 좋은 성적이 나오고 누구는 아니다. 그 차이가 어디서 나오겠는가? 실질적인 진전이 있어야 한다. 공부는 말이다. 그러한 분명한 진척을 가지지 못하면 여름에도 집합 겨울에도 집합이 될 수밖에 없다.

3) 어학은 특히 그렇다

(1) 기본 의미

어학은 우리가 말하는 방법대로 해라. 조금씩 나아지는 자신이 발견이 될 것이다. 그러면 늘 거기에 머물지 않고 나아간다. 단 그러면서 자신의 진척에 대해서 반드시 기록을 남겨서 자신을 돌아보는 것은 필수의 과정이다.

(2) 프랑스어는 특히 그렇다

프랑스어는 영어와 비슷하다고 쉽게 들어갔다가는 시간만 죽이고 실력도 거의 안 늘어나고 무지하게 재미없게 느낄 수 있다. 그게 아닌데 말이다. 그래서 잘해야 한다.

4. 1차는 2차처럼, 2차는 3차처럼

1) 의미

우리 연구진 주변에 아주 빠른 성적 향상으로 변호사가 된 후배가 해준 이야기이다. 1치 시험 객관식은 2차 시험 주관식처럼 준비했다고 한다. 그리고 2차 시험 주관식 논문식은 3차 면접식으로 준비했다고 한다.

2) 평가

(1) 일반 의미

객관식은 내용을 바탕으로 해서 곶감 빼먹듯이 하는 시험이다. 그러니 기본 내용 스펙이 갖춰지면 당연히 좋은 방법이 나올 수밖에 없다. 그런데 그냥 객관식에서 아웅다웅하면 그다지 실력이 커질리 없다. 주관식도 마찬가지이다. 너무 책에 연연하면 좋은 답안지가 안 나온다. 책을 벗어나서 크게 생각해야 한다.

(2) 외국어 공부에서

그래서 적극적인 공부를 하라고 하는 것이다. 여러분들은 지금까지 주로 객관식적 공부 내지는 아주 수동적인 공부를 했다. 그것을 벗어나면 처음에만 좀 귀찮지 아주 효율적인 사람이 되어서 효율적인 인생을 살 수 있다.

XII. 심리 심

XII. 심리 심

귀차니즘

귀차니즘은 어학정복의 가장 중요한 산이자 장애물이다. 그러기에 귀차니즘 정복해야 하는데 선뜻 쉽지 않은 게 어떤 방법을 활용해야 귀차니즘을 정복할지에 대해서 확신이 서지 않는 부분이 크기 때문이다. 우리 방법으로 하라. 반드시 해당외국어를 정복하게 해드리겠다.

애착

우리의 방법은 애착을 철저히 활용하는 방법이다. 같은 친구래도 더 애착이 가는 친구가 있듯이 같은 해당외국어 문장을 봐도 조금이라도 더 애착이 가는 것으로 해서 솔루션을 구하자. 우리 연구진이 도와드리겠다. 이런 모든 것을 보면 외국어를 배우는 것은 즐거운 언어생활의 일종이다. 일단 기본적으로 즐거움이 수반이 되어야 하는 부분이 있다는 것이다.

내면의 소리, 내면의 언어라는 측면에서도 보면 결국 이 모든 것들은 나의 내면의 이야기들이다. 노래를 기준으로 하면 내가 평생 몇 번이라도 따라하고 흥얼거린 것을 기준으로 한다. 외국노래도 기준으로 삼을까? 그렇게 볼 수 있다고 봐야 한다.

자신감

이것은 당장 심도 있는 회화나 외국어 생활을 하지는 못하더라도, 자신감을 주고 스스로에게 가지게 하는 것이 중요하다. 그 자체로서 즉 500단어가 좀 미흡하면 그것으로도 절대로 빈약한 상태는 아니다 자신감을 가져라. 그래서 다음단계로 가게 한다.

환멸

스스로 자신이 노력을 많이 해도 주저함이 있다면 '내가 영어나 일어같은 외국어에 좀 환멸을 느끼고 좀 물렸다.'는 의미도 가지고 있을 것이다. 특히 어떤 외국어는 외워야 한다. 그런데 '내가 그 외국어 공부를 다 해서의 효용이 딱 그 정도인데 내가 외우고 싶겠어?'라는 생각이 환멸을 만들게 하는 기본 생각이 되어 버린다. 또한 그리고 '그렇게 나 말고도 잘하는 사람도 많은데 말이지.'라는 생각도 든다. 우리 연구진이 그러한 환멸을 치료해주겠다.

허전함

열심히 한다고 해도 속담집 등을 읽으면서 느낀 허전함은 어떤 허전함인가? 목표 없이 하는 일에 대한 허전함이라고 할 수 있다. 지금 읽고 있는 이 책을 다 이해하는 것을 목표로 한다고 해도, 실제로 다 이해하기는 무척 힘들 것이다. 그것을 이해한다고 해도 그게 무슨 의미를 가지는지에 대해서 막막하고 말이다.

XIII. 부록

〈 키워드 〉

1만 시간 이론
가청단계
각인
강화
건망증
격언
금언
기억의 조직화
기억이론
뇌소리
다이제스트
동기부여
마르셀 푸르스트
명언
반복
상대적 지식론
생활수칙
생활준칙
서브노트
수동적 사고
심리적 강제
어학공부의 다이어트
오며가며 보게된다
우선순위 영단어
의식의 흐름
인생교과서
자기단어장
장기기억
재인
주관선호이론
주관화
중기기억
직청직해
책임감 이론
철칙
통암기
트레일블레이져스(trail blazers)
편승이론
행동수칙
행동준칙

〈 참고문헌 〉

- 외국어 잘 하는 법, 지노 에이이치, 2016, 에이케이커뮤니케이션즈
- 외국어 저도 잘하고 싶습니다만, 양혜영, 2020, 글라이더
- 외국어 전파담, 로버트 파우저, 2018, 혜화1117
- 이거 일본어로 뭐지?, 조강희/가와노나츠코/소라사치코, 2018, 제이플러스
- 일본어와 커뮤니케이션, 타키우라마사토/오하시리에, 2020, 지식의 날개
- 재미로 읽어 보는 우리말 속의 일본어, 홍근, 2019, 북랩
- 한일 통번역 노트, 후쓰카이치 소, 2018, 시사일본어사

도 서 명: IT 게임업계 직원이 효율적으로 빠르게 일본어를 습득하는 법
저 자: 최단시간일본어연구회
초판발행: 2021년 10월 1일
발 행: 수학연구사
발 행 인: 박기혁
등록번호: 제2020-000030호
주 소: 서울특별시 영등포구 버드나루로 130 1층 104호(당산동, 강변래미안)
Tel.(02) 535-4960 Fax.(02)3473-1469

Email. kyoceram@naver.com

9001 고1,고2 내신 수학은 따라가지만 모의고사는 망치는 학생의 수학 문제 해결법
저자 수학연구소 / 19,500

9002 이공계 은퇴자와 강사를 위한 수학 과학 학습상담센터 사업계획 가이드
저자 수학연구소 / 19,500

9003 고3 재수생 수능 수학 만점, 양치기를 어떻게 바라보고 극복할 것인가
저자 수학연구소 / 19,500

9004 대학생들이 세상에서 가장 효율적으로 일본어를 정복하는 방법
저자 최단시간일본어연구회 / 19,500

9005 프랑스어를 꼭 공부해야 하는 대학생들이 쉽게 어려운 단어를 외우는 방법
저자 최단시간프랑스어연구회 / 19,500

9006 중국어를 빠르게 배우고 싶은 해외 파견 공무원들을 위한 책
저자 최단시간중국어연구회 / 19,500

9007 변리사들이 효율성 높게 일본어를 익히는 법
저자 변리사실무연구회 / 19,500

9008 세무사가 업무상 필요한 일본어 청취를 빠르게 습득하는 법
저자 세무사실무연구회 / 19,500

9009 심리상담사가 프랑스어 단어를 빠르게 익히는 방법
저자 상담심리실무연구회 / 19,500

9010 업무용 일본어 듣기의 효율성을 높이는 법: 해외파견공무원용
저자 공무원실무연구회 / 19,500

9011 관세사들이 스페인어 단어를 쉽고 빠르게 외우는 법
저자 관세사실무연구회 / 19,500

9012 스페인어 리스닝을 쉽게 하는 법: 해외파견금융기관직원을 위한 책
저자 금융실무연구회 / 19,500

9013 관사세가 알면 좋을 프랑스어 단어를 효율적으로 외우는 법
저자 관세사실무연구회 / 19,500

9014 법조인이 알면 좋을 스페인어 단어를 빠르게 익히는 법
저자 법조인실무연구회 / 19,500

9015 법조인이 알면 좋을 스페인어 단어를 빠르게 익히는 법
저자 법조인실무연구회 / 19,500

9016 미용 뷰티업계에서 알면 좋을 이탈리아어 단어 빠르게 외우는 법
저자 뷰티실무연구회 / 19,500

9017 간호대학생과 간호사 의학용어시험 만점! 심장순환계통단어 암기법
저자 의학수험연구회 / 19,500

9018 항공공항업계에서 알면 좋을 스페인어 단어 스피드 암기법
저자 항공공항실무연구회 / 19,500

9019 약사와 약대생을 위한 의학용어 만점암기법_ 심장순환계와 근육계
저자 의학수험연구회 / 19,500

9020 한의사와 한의대생을 위한 양의학용어 암기법_ 호흡기와 감각기
저자 의학수험연구회 / 19,500

9021 의료변호사를 위한 의학용어 암기법_ 소화기와 비뇨기
저자 의학수험연구회 / 19,500

9022 건강보험공단 직원과 취준생을 위한 의학용어 암기법_ 감각기와 호흡기
저자 의학수험연구회 / 19,500

9023 간호사 국가고시 합격기간 단축하기_ 1교시 성인간호, 모성간호
저자 의학수험연구회 / 19,500

9024 건강보험공단 직원과 취준생을 위한 의학용어 암기법_ 감각기와 호흡기
저자 의학수험연구회 / 19,500

9025 수의사와 수의대생을 위한 의학용어 암기법_ 근골계와 심장순환계
저자 의학수험연구회 / 19,500

9026 식품위생직, 식품기사 시험을 위한 식품미생물 점수 쉽게 따기
저자 식품위생연구회 / 19,500

9027 영양사 시험 스피드 합격비법_ 1교시 영양학, 생화학, 생리학 중심
저자 영양사시험연구회 / 19,500

9028 영양사 시험 스피드 합격비법_ 2교시 식품학, 식품위생 중심
저자 영양사시험연구회 / 19,500

9029 6급 기관사 해기사 자격 시험 스피드 합격비법
저자 해기사시험연구회 / 19,500

9030 재배학개론 농업직 공무원시험 스피드 합격비법
저자 공무원시험연구회 / 19,500

9031 식용작물학 농업직 공무원시험 스피드 합격비법
저자 공무원시험연구회 / 19,500

9032 수능 지구과학1 입체적 이해로 만점 받기
저자 수능시험연구회 / 19,500

9033 건축구조 건축직 공무원 시험 교과서 술술 읽히게 하는 책
저자 공무원시험연구회 / 19,500

9034 위생관계법규 조문과 오엑스 조리직 공무원시험
저자 공무원시험연구회 / 19,500

9035 자동차구조원리 운전직 공무원 시험 교과서 술술 읽히게 하는 책
저자 공무원시험연구회 / 19,500

9036 수의사와 수의대생을 위한 의학용어_ 암기법 소화기와 비뇨기
저자 의학수험연구회 / 19,500

9037 도로교통사고 감정사 1차 시험 교과서 술술 읽히게 하는 책
저자 자격증수험연구회 / 19,500

9038 위험물산업기사 필기시험 교과서 술술 읽히고 암기되게 하는 책
저자 자격증수험연구회 / 19,500

9039 소방관계법규 조문과 오엑스 소방직 공무원시험
저자 공무원시험연구회 / 19,500

9040 양장기능사 필기시험 교과서 술술 읽히고 암기되게 하는 책
저자 자격증수험연구회 / 19,500

9041 섬유공학 패션의류 전공자가 섬유가공학 술술 읽고 학점도 잘 받게 해주는 책
저자 섬유공학패션연구회 / 19,500

9042 의류복식사 술술 읽고 학점 잘 받게 해주는 섬유공학 패션의류 전공자를 위한 책
저자 섬유공학패션연구회 / 19,500

9043 반도체장비유지보수 기능사 필기 교과서 술술 읽히고 암기되게 하는 책
저자 자격증수험연구회 / 19,500

9044 4급 항해사 해기사 자격 수험서 술술 읽히고 암기되게 하는 책
저자 자격증수험연구회 / 19,500

9045 접착 계면산업 관련 논문 특허자료 술술 읽히고 암기되게 하는 책
저자 접착계면산업연구회 / 19,500

9046 재수삼수 생활로 점수 올려 대입 성공한 이야기
저자 오답노트컨설팅클럽 / 19,500

9047 치위생사 국가시험 수험서 술술 읽히고 암기되게 하는 책
저자 자격증수험연구회 / 19,500

9048 치위생사 국가시험 수험서 술술 읽히고 암기되게 하는 책_ 2교시 임상치위생처치 등
저자 자격증수험연구회 / 19,500

9049 가스산업기사 필기시험 수험서 술술 읽히고 암기되게 하는 책
저자 자격증수험연구회 / 19,500

9050 응급구조사 1,2급 시험 수험서 술술 읽히고 암기되게 하는 책
저자 자격증수험연구회 / 19,500

9051 떡제조기능사 시험 수험서 술술 읽히고 암기되게 하는 책
저자 자격증수험연구회 / 19,500

9052 임상병리사 시험 수험서 술술 읽히고 암기되게 하는 책
저자 자격증수험연구회 / 19,500

9053 의료관계법규 4대법 조문과 오엑스 뽀개기 의료기술직 공무원시험
저자 공무원시험연구회 / 19,500

9054 간호학 전공자가 간호미생물학 술술 읽고 학점도 잘 받게 해주는 책
저자 간호학연구회 / 19,500

9055 간호사 국가고시 합격기간 단축하기_ 2교시 아동간호, 정신간호 등
저자 의학수험연구회 / 19,500

9056 도로교통법규 조문과 오엑스 뽀개기 운전직 공무원시험
저자 공무원시험연구회 / 19,500

9057 전기공학부생들이 시험 잘 보고 학점 잘 따는 법
저자 기술튜터토니 / 19,500

9058 간호대학생들이 약리학을 쉽게 습득하는 학습법
저자 간호학연구회 / 19,500

9059 의치대를 목표하는 초등생자녀 이렇게 책 읽고 시험 보게 하라
저자 의치대보낸부모들 / 19,500

9060 지적관계법규 조문과 오엑스 뽀개기 지적직 공무원시험
저자 공무원시험연구회 / 19,500

9061 방송통신대 법학과 학생이 학점 잘 받게 공부하는 법
저자 법학수험연구회 / 19,500

9062 공인중개사 1차 시험 쉽게 합격하는 학습법
저자 법학수험연구회 / 19,500

9063 기술직 공무원 시험 쉽게 합격하는 학습법
저자 공무원시험연구회 / 19,500

9064 독학사 간호과정 공부 쉽게 마스터하기
저자 간호학연구회 / 19,500

9065 주택관리사 시험 빠르게 붙는 방법과 노하우
저자 자격증수험연구회 / 19,500

9066 비로스쿨 법학과 대학생들을 위한 공부 방법론
저자 법학수험연구회 / 19,500

9067 기술지도사 필기시험 빠르고 쉽게 합격하는 학습법
저자 자격증수험연구회 / 19,500

9068 감정평가사 시험 스트레스 낮추고 빠르게 최종 합격하는 길
저자 자격증수험연구회 / 19,500

9069 의무기록사 시험 합격을 위한 의학용어 암기법_ 순환계와 근골계
저자 의학수험연구회 / 19,500

9070 의무기록사 시험 합격을 위한 의학용어 암기법_ 소화기와 비뇨기
저자 의학수험연구회 / 19,500

9071 감정평가사 2차 합격을 위한 서브노트의 필요성 논의와 공부법
저자 자격증수험연구회 / 19,500

9072 감정평가사 민법총칙 최단시간 공부법과 문제풀이법
저자 자격증수험연구회 / 19,500

9073 게임 IT업계 직원이 영어를 빠르게 듣고 말할 수 있는 방법
저자 최단시간영어연구회 / 19,500

9074 IT 게임업계 직원이 효율적으로 빠르게 일본어를 습득하는 법
저자 최단시간일본어연구회 / 19,500

9075 게임회사 IT업계 직원이 프랑스어 단어를 빨리 익히는 법
저자 최단시간프랑스어연구회 / 19,500

9076 경영지도사가 빠르고 효율적으로 중국어를 배우는 법
저자 최단시간중국어연구회 / 19,500

9077 유튜버가 일본어 청취를 빠르게 익히는 방법
저자 최단시간일본어연구회 / 19,500

9078 법조인들이 알면 좋을 프랑스어 단어를 빠르게 익히는 법
저자 최단시간프랑스어연구회 / 19,500

9079 경영지도사에게 필요한 스페인어 단어 빠르게 익히기
저자 최단시간스페인어연구회 / 19,500

9080 일본어 JLPT N4, N5 최단시간에 합격하는 법
저자 최단시간일본어연구회 / 19,500

9081 관세사에게 필요한 이탈리아어 단어 빠르게 익히기
저자 최단시간외국어연구회 / 19,500

9082 일본 관련 사업을 하는 중개사를 위한 효율적인 일본어 듣기법
저자 최단시간외국어연구회 / 19,500

9083 일본 취업 준비생을 위한 일본어 리스닝과 단어 실력 빠르게 올리는 방법
저자 최단시간외국어연구회 / 19,500

9084 관세사에게 필요한 중국어 빠르게 습득하는 법
저자 최단시간외국어연구회 / 19,500

9085 누적과 예측을 통한 영어 말하기와 듣기 해답_ 해외진출자를 위한 책
저자 최단시간외국어연구회 / 19,500

9086 스페인어를 공부해야 하는 대학생들이 빠르게 단어를 숙지하는 법
저자 최단시간외국어연구회 / 19,500

9087 취업 준비 대학생은 인생 자격증으로 공인중개사 시험에 도전하라
저자 자격증수험연구회 / 19,500

9088 고경력 은퇴자에게 공인중개사 시험을 강력 추천하는 이유와 방법론
저자 자격증수험연구회 / 19,500

9089 효율적인 4개 국어 학습법과 외국어 실력 올리는 방법
저자 최단시간외국어연구회 / 19,500

9090 여성들의 미래대안 공인중개사 시험 도전에 필요한 공부 가이드
저자 자격증수험연구회 / 19,500

9091 해외파견근무직원들이 이탈리아어 단어 빠르게 익히는 방법
저자 최단시간외국어연구회 / 19,500

9092 영어 귀가 뻥 뚫리는 리스닝 훈련법
저자 최단시간외국어연구회 / 19,500

9093 열성아빠를 위한 민사고 졸업생의 생활팁과 우수 공부비법
저자 교육연구회 / 19,500

9094 유초등 아이 키우는 열정할머니를 위한 민사고 생활팁과 공부가이드
저자 교육연구회 / 19,500

9095 심리상담사가 일본어를 쉽게 배울 수 있는 노하우와 팁
저자 최단시간외국어연구회 / 19,500

9096 법조인을 위한 들리는 소리에 집중하는 외국어 리스닝과 단어 훈련법
저자 최단시간외국어연구회 / 19,500

9097 관세사를 위한 문법 상관없이 받아 듣고 적는 외국어 학습법
저자 최단시간외국어연구회 / 19,500

9098 민사고에 진학할 똑똑한 중학생을 위한 민사고 공부팁과 인생 이야기
저자 교육연구회 / 19,500

9099 해외파견근무직원들을 위한 프랑스어 단어 쉽게 배우기
저자 최단시간외국어연구회 / 19,500

9100 해외파견근무직원들이 일본어를 쉽고 빠르게 공부하는 방법
저자 최단시간외국어연구회 / 19,500

9101 대학생들이 이탈리아어 단어 쉽고 빠르게 익히는 법
저자 최단시간외국어연구회 / 19,500

9102 뷰티 화장품 업계에서 알면 좋을 스페인어 단어 쉽게 익히기
저자 최단시간외국어연구회 / 19,500

9103 민사고 진학에 갈등을 느끼는 딸바보 아빠를 위한 인생 조언과 공부법
저자 교육연구회 / 19,500

9104 유튜버를 위한 영어 리스닝과 스피킹 실력 빠르게 올리는 법
저자 최단시간외국어연구회 / 19,500

9105 해외파견직들을 위한 문법 없이 어학 공부하는 방법
저자 최단시간외국어연구회 / 19,500

9106 변리사가 프랑스어 단어를 쉽고 빠르게 배우는 법
저자 최단시간외국어연구회 / 19,500

9107 법조인이 알면 좋을 중국어 스피드 습득법
저자 최단시간외국어연구회 / 19,500

9108 임용고시 합격하려면 고시 노장처럼 공부하지 마라
저자 임용고시연구회 / 19,500

9109 임용고시 합격을 위한 조언_ 공부로 생긴 스트레스 공부로 풀어라
저자 임용고시연구회 / 19,500

9110 가맹거래사 시험 법학에 자신이 없는 사람들이 꼭 봐야 할 합격법
저자 자격증수험연구회 / 19,500

9111 가맹거래사 책이 쉽게 이해되지 않는 사람들을 위한 수험전략 가이드
저자 자격증수험연구회 / 19,500

9112 항공 및 공항 업계에서 알면 좋을 이탈리아어 단어 효율 암기법
저자 최단시간외국어연구회 / 19,500

9113 은퇴자를 위한 외국인과 만나는 게 즐거운 영어 리스닝 방법
저자 최단시간외국어연구회 / 19,500

9114 항공과 공항업계인을 위한 일본어 듣기와 단어 청크 단위 학습법
저자 최단시간외국어연구회 / 19,500

9115 유튜버가 프랑스어 단어에 쉽게 접근하고 익히는 법
저자 최단시간외국어연구회 / 19,500

9116 대학생이 필요한 스페인어 청취를 빠르게 습득하는 법
저자 최단시간외국어연구회 / 19,500

9117 해외파견직들을 위한 스페인어 단어 스피드 학습법
저자 최단시간외국어연구회 / 19,500

9118 관세사를 위한 직청직해 소리단어장 다국어 훈련법
저자 최단시간외국어연구회 / 19,500

9119 경비지도사 처음 도전하는 사람들이 꼭 알아야 할 시험 접근법
저자 자격증수험연구회 / 19,500

9120 유튜버가 이탈리아어 단어 효율적으로 익히는 방법
저자 최단시간외국어연구회 / 19,500

9121 관세사가 빠르고 쉽게 일본어 실력 올리는 법
저자 최단시간외국어연구회 / 19,500

9122 영어가 부족한 법조인을 위한 리스닝과 스피킹 효율 학습법
저자 최단시간외국어연구회 / 19,500

9123 미용 뷰티업계에서 알면 좋을 일본어 쉽게 접근하는 법
저자 최단시간외국어연구회 / 19,500

9124 대학생을 위한 외국어 공부법_ 문법은 버리고 소리에 집중하자
저자 최단시간외국어연구회 / 19,500

9125 심리상담사가 스페인어 단어를 효율적으로 배우는 방법
저자 최단시간외국어연구회 / 19,500

9126 대학생을 위한 다양한 외국어 쉽게 접근하게 해주는 가이드
저자 최단시간외국어연구회 / 19,500